与圣贤有约丛书

与庄子有约

台湾师范大学国文系教授
朱荣智 著

走近圣贤
聆听智慧
感悟『逍遥之乐』

济南出版社

图书在版编目(CIP)数据

与庄子有约/朱荣智著. —济南 : 济南出版社,
2015.8(2017.11 重印)
(与圣贤有约丛书)
ISBN 978-7-5488-1732-1

Ⅰ.①与… Ⅱ.①朱… Ⅲ.①庄周(约前 369~前
286)—哲学思想—通俗读物 Ⅳ.①B223.5-49

中国版本图书馆 CIP 数据核字(2015)第 197124 号

出版人 崔 刚
责任编辑 冀瑞雪
李廷婷
装帧设计 张 倩

出版发行 济南出版社(250002)
地 址 济南市二环南路 1 号
电 话 0531-86131747(编辑室)
86131747 82709072 86131729 86131728(发行部)
印 刷 山东省东营市新华印刷厂
版 次 2016 年 1 月第 1 版
印 次 2017 年 11 月第 2 次印刷
开 本 150 毫米×230 毫米 1/16
印 张 9.75
字 数 150 千
定 价 28.00 元

自 序

庄子是继老子之后,最著名的道家学者。道家的思想,以老子为宗,庄子承其学而加以发扬光大。庄子之于老子,犹如孟子之于孔子,对于儒家与道家学术的传承与弘扬,都有很大的贡献和成就。

庄子和孟子同处在一个战乱的时代,战国七雄争霸,诸侯各国追求富国强兵,罔顾人民生命的安危。孟子提倡仁义,主张王道;庄子则提倡逍遥,主张自然。一个强调以进为退,一个强调以退为进。兄弟爬山,各自努力,从东边爬山,或是从西边爬山,目的都是要到山顶。儒家与道家的思想截然不同,但都是为了国家的长治久安,人民的幸福美满。两者取径不同,但立意相同。

老子的思想,以道为中心,主张"人法地,地法天,天法道,道法自然",人要效法自然的无为而无不为;庄子则进一步提出逍遥游,超然尘俗,与天地精神相往来。

人生的烦恼与痛苦，往往来自自己的私心与欲望，对欲望无止境的追求，以及强烈的自私心理，是人类痛苦的根源。老子提出“去甚、去奢、去泰”，主张知止、知足，因为“祸莫大于不知足，咎莫大于欲得”，从节制人的私心与欲望入手。庄子则从“一死生”“齐万物”“混善恶”“泯是非”等观点立论；他的人生至境，是要跳出一般人对生死的迷障，以及对万事万物存有的差别心理。

庄子用平常心看待人的生死，认为有生必有死，这是自然的定律，每个人都要坦然面对；人生是有许多无奈，但是人生总有路可走，人生贵在发展自我。同时，庄子认为，世俗的是非，都是主观意识的认定，并不是真正的是非。庄子“齐万物”“泯是非”“混善恶”的思想，追本溯源，是来自老子的自然哲学。老子认为，道不只是宇宙的本源，也是自然的秩序，道的运作，是相反而相成，宇宙万事万物的各种现象，都是相对的，是相生和相成，万物一体，物我不分。

庄子生在衰乱之世，天下沉浊，人心苦闷。他是个有心人，他了解人生的种种困惑、烦恼，主要是因为人心太执着、太放不开，对外物、对别人的依赖心太重。庄子主张去成心顺应自然，超越相对的现象世界，而逍遥于无限的绝对世界，唯有如此，才能求得心灵的安顿,不受情意的牵引,没有欲望的奔驰。

人生最重要的是要求得一颗安定的心、一颗富足的心、一颗自由的心,一个人的心灵越宽广,才能越自在、越快乐,越能享受人生之美。

庄子的思想,对浮沉于名利世界的成人,大有帮助,是一帖消暑解渴的清凉剂,也是一盏指引人生大道的光明灯。庄子的思想,对正在求学奋进的青少年,也有引导启发的作用。青少年像春天复苏的大地,充满生机与活力,但是对生命的理解,也许仍然懵懵懂懂,对未来的发展,则开始感受到压力。庄子的文章,字字珠玑,尤其是他那生动优美的寓言故事,虽然大半是凭空杜撰,却寓意深远,别有寄托。喜欢听故事、读故事的青少年,将特别能感受到庄子热情、率真的个性和豪放的精神。

庄子是个很有智慧的人,也是个很通达的人,他的文章字里行间充满机智、谐趣与豪情。青少年阅读庄子的书,可以学到高深的生活智慧,旷达的人生哲理,以及丰富的想象力和自由浪漫的情怀。你不妨阅读本书一试。

目　录

生命的大智慧家

庄子,姓庄,名周,战国时代人,大约生于公元前369年,卒于公元前286年,与孟子同时。庄子与孟子所处的时代一样,众暴寡,强侵弱,饱经战争、离乱的苦难。庄子是宋国蒙城人(今河南商丘,一说是安徽蒙城)。宋国在河南洛阳附近,是一个小国,处在四战之地,在齐、楚等列强诸侯的包挟之下,屡次成为战乱的中心,最后仍然难逃被瓜分的命运。

人穷志不穷

根据汉朝司马迁的《史记》记载,庄子曾为蒙漆园吏,他只是一名小官吏,不像老子曾为周朝守藏室之史,身份十分尊贵。庄子的家境并不富裕,生活非常贫苦。有一天,他穷得没有米下锅煮饭,就向监河侯借米。监河侯推辞说:等到收租之后,就借庄子三百两金子。庄子很生气,回答说:在他来的路上,有人呼叫他的名字,他左顾右盼都没看到人,最后在车轮下见到一条鱼,鱼脱离了河水,希望庄子给它一点水活命。庄子说:好呀!等我南游吴越,激起西江的水来盛大迎接。鱼说:算了吧!倒不如早一点到卖鱼干的市场找我吧!庄子通过鱼的巧妙的回答表达了自己急需的情感。同时也看得出庄子贫苦求助,却受到监河侯的奚落的情感。

庄子是个很有骨气的人,人穷志不穷。有一天,庄子穿着一件粗布衣裳,身上有许多补丁,鞋子只用粗绳绑着,跑去见魏王。魏王见他一副落魄的样子,说:你怎么这么困顿呢?庄子回答说:我是贫穷,不是困顿。穿破旧的衣服是贫穷,有志难伸才是困顿。庄子并不以自己的贫穷为意,反而讽刺魏王说:处在昏昧的国君和暴乱的臣子之中,想要不遭受困顿的命运,办得到吗?

淡泊名利

天下滔滔,很多人穷其一生,就是为了争名夺利。庄子对于富贵的生活,看得非常淡然,他并不是没有获取功名富贵的机会。楚王曾经派两名大夫带着厚重的礼物去见庄子,希望把楚国的政事委托给庄子管理。庄子正在濮水钓鱼,笑着对两名楚国大夫说:听说楚国有一只神龟,已经死了三千年,但它的龟壳被楚王用丝巾包裹存放在庙堂。这只神龟是愿意死后龟壳被藏起来,还是愿意活着拖曳尾巴在泥地里爬行呢?两名楚国大夫说:当然愿意活着在泥地里爬行。庄子说:那么,你们就请回去吧!我也要在泥地里爬行,过自己喜欢的生活,不要受当政者的束缚。

惠施是庄子的好朋友,善于雄辩。惠施当了梁国的宰相,怕庄子抢了他的职位,派人在城里找庄子。庄子知道了这件事,前去见惠施,并跟他说了一个故事。中国南方有一种鸟,名叫鹓雏,这种鸟只栖息在梧桐树上,只吃竹子的果实,只喝甜美的泉水。有一天,一只鸮鸟嘴巴咬着腐烂的老鼠,见了鹓雏,以为鹓雏要抢它的腐烂的老鼠,吓了一跳,嘴上腐烂的老鼠就掉到了地上。庄子把梁国宰相的职位,比喻为腐烂的老鼠,不屑一顾,而惠施却视之为珍宝,怕被庄子抢夺。

庄子对一般以富贵为骄矜的人,尤其不假辞色,大肆嘲讽。宋国有一个人名叫曹商,为宋王出使到秦国,得到秦王百辆车子的赏赐。曹商洋洋得意,对庄子说:居住在陋巷,穿破旧的衣服,面黄肌瘦,这不是我的专长。我的专长是能开悟国君,一下子就能得到百辆车子的赏赐。庄子说:听说秦王生病找医生,能替他治疮的人,可以得一辆车;替他舐痔的人,得五辆车。所做的事越卑下,得到的赏赐就越多。你是不是替他做了很多卑下的事呢?你走吧!《孟子》书中也有一个类似的故事:齐国有个人娶了一妻一妾,自己每天到坟地向人要饭,回家却骗其妻妾,说是别人请客。有些人为了得到名利做见不得人的事,还十分得意。

参透生死

庄子对人生的观照非常通达,他认为宇宙的一切事物,都是相对的关系,有始必有终,有生必有死,这是自然现象。人生也是如此,人的生死,就像白天与夜晚的变化,像春、夏、秋、冬四季的运行。庄子认为,人最初是处在天地浑沌之中,后来有了气,气依附了形体而有的生命,生命消逝则回到自然。

庄子并不是无情的人,他对亲友的生离死别,总是不忍与不舍,非常难过。庄子妻死,庄子始哭而后歌,是因为他对生命有深切的体悟。庄子将死的时候,弟子要厚葬他。庄子说:我以天地为棺木,以日月、星辰、万物为陪葬品,葬具就都完备了。弟子们说:如果把老师的尸体丢到荒郊野外,会被鸟兽吃掉。庄子回答说:尸体暴露在地上,被鸟兽吃掉,尸体埋藏在棺木,棺木坏损,也会被蝼蚁吃掉,何必偏心呢?

豁达人生

人生最看不破的是生死障,很多人贪生怕死,执迷贪求,所以烦恼痛苦一辈子。所有存在的都会消逝,只是迟早而已。如果天地万物都不会死亡,这个世界就不再存在了。人生最重要的,就是要珍惜所有,全力以赴。

一般人怕死,是不知道死后会怎么样。其实,尘归尘,土归土,人来自大自然,又回归大自然,这是再自然不过的事情。我们空手而来,也空手而回,什么也没带走,什么也带不走,有什么好计较的呢?庄子的人生智慧,为芸芸众生提供一个方便法门——寻觅一方人间净土。

阅读省思:

1. 从庄子生平看,你同意一个人可以失意不失志吗?

2. 庄子的人生智慧,对你有什么启发?

展翅高飞的大鹏鸟

庄子一生追求自由逍遥

庄子生在衰乱之世，他所处的时代，诸侯之间，“争地以战，杀人盈野；争城之战，杀人盈城”。王纲废弛，名教坠地，庄子置身在悲苦的现实世界，眼睁睁地看着充满杀戮、饥饿、流亡的战祸，以及诸侯间的篡夺、凌虐，穷兵黩武，庄子心生悲悯，使用诙谐、幽默、嘲讽、讥刺的文字，假托虚构的寓言故事，阐述他的伟大思想，在揶揄声中，隐含着许多无奈和落寞。

庄子的人生理想，是要像展翅高飞的大鹏鸟，在九万里的高空，追求与造物者同游，与外死生无终始者为友，徜徉逍遥于无拘无束的自由世界。庄子了解人生的种种困惑、烦忧，主要是因为太执着、太放不开，以及对外物、对别人的依赖心太重。因为太执着、太放不开，所以就有是非之争、善恶之辩，以及得失、祸福的理念，而对生死的道理，也不能释然接受。因为对外物、对别人的依赖心太重，所以在精神与物质上，便有层层束缚，以致有许多烦恼与痛苦。

庄子是个非常豁达的人,他看待人生,就像是一场梦,而且认为一死一生,都是天命。《齐物论》篇中,庄子提到人夜晚做梦饮酒作乐,一觉醒来却在哭泣;有时梦中哭泣,醒来却开开心心去打猎。一个人在做梦的时候,往往不知在做梦,在梦中又有梦境,直到醒来才知道是在做梦。

来是偶然,死是必然

《大宗师》篇中,庄子说:"死生,命也。"白天与夜晚的更迭运行,是自然的现象。人的生死,就像白天与夜晚的变化一样,也只是一种自然的现象。来是偶然,死亦必然。我们的生命,是因父母偶然的结合而来,而有生必有死,是人人都要走的路。人生像是一趟旅行,我们只买单程票,不买返程票,一口气呼出去而吸不回来的时候,就已经成了下辈子。人与人之间,就像搭乘一列火车,有些人先上车,有些人先下车,有些人同时上车;先上车未必先下车,后上车未必后下车,同时上车未必同时下车。车抵终点,大家都会下车。

庄子的观念是,天地万物的成毁、死生,都是气的流行、聚散,人的生死,也是如此。"通天下一气",人之生,气的凝聚;人之死,气的消散。死人与活人的不同,不就是差一口气吗?

死亡的阴影,是令人恐惧、害怕的。《至乐》篇中,庄子用诙谐的笔调描写一个髑髅自述死后的快乐。人死之后,没有长辈、部属等人际关系的纠葛,没有四季冷热的变化,没有人间工作的劳苦。《齐物论》篇中,庄子谈丽姬嫁到晋国,起先不乐意嫁过去,悲伤哭泣;等到嫁到晋国,与晋王共同享受荣华富贵,才后悔当初为什么要悲伤哭泣,以此说明死者怎么不会后悔以前要求生呢。

庄子的人生至境,是要做到至人无己、神人无功、圣人无名。所谓"至人无己",就是解除一己之我执。执着是痛苦的根源,人常常执着于一己的所见、所闻、所思,所以不能与万物冥合,不能乘御天地万物的自然变化,随缘自在。人要解脱烦恼与痛苦,最重要的就是要去除私心和贪念,连"我"的名分都没有了,世俗的得失、祸福、名利,又有什么值得挂记的呢?

庄子描述的神人,是肌肤像冰雪,姣好文静如处女,只是吸风饮露,不食五谷,能够随物变化,与造化同游。庄子所指的圣人,不是儒家的尧帝,而是道家的许由。神人不讲事功,圣人不求虚名,虚己待物,不受物累。至人、神人、圣人,都能无心而不自用,随物变化,忘怀得失,无己无私,与大道相通。

学习庄子不羁尘俗的睿智

庄子生活的时代,距今已有二千四百多年,但是他的人生智慧,对我们现代每一个人都有很多启迪和引导的作用。没有一个时代比现在变得这么快、这么大、这么多,很多人跟不上时代的步伐,工作、生活都很疲惫、沮丧;来自家庭、学校、社会的压力,也逼得许多青少年对人生失去信心,难以适应,在忙碌的生活中迷失奋斗的方向、努力的目标,以致发生各种脱序、脱轨的不正常现象,给自己、家人、学校、社会带来许多困扰。

庄子的一生,处在忧患之中,但是他没有退避、堕落,他用自己超然的态度,从痛苦的人生中超脱出来,凝练成不羁尘俗的睿智。举世滔滔,庄子把自己从凡俗中抽离出来,追求一个自由自在、无拘无束的逍遥世界。我们学习庄子的精神,就是要能无求、无待,超越种种人为或天然的限制,表现最大的自由空间。

人生苦短要珍惜

人生苦短要珍惜,人生无常要把握,人生多难要小心。人生百年,说长不长,说短不短。人生像一张画布,有人能彩绘出不朽名作,有人只能涂鸦;人生如一把胡琴,有人能弹奏出美妙天籁之音,有人只能弹出几个单音。每个人都是画家,每个人都能描绘出自己的人生愿景;每个人都是音乐家,每个人都能谱写自己的生命乐章。如果说人生如戏,上天给每人一些筹码,我们都可以玩几回人间游戏。虽然人生苦难偏多,但是我们不妨学学庄子,去成心、去私念,无我、忘我,游心于物之初,当下得到心灵的解放。

人生的存在,有种种的困惑、烦恼,人在物质方面的努力,只能解决一部分的问题,只有从精神上得到完全的自由解放,才能彻底圆满地解决人生所有的问题。

阅读省思:

1. 你所追求的人生理想是什么?

2. 庄子的自由理想,对你有什么启发?

嬉笑怒骂，妙笔生花

迷离恍惚，富于奇趣

庄子的文章，迷离恍惚，富于奇趣，出入变化，难以捉摸。庄子喜欢讲故事，常常假托历史传奇人物，像天马行空一般，无端无崖，不着边际，甚至荒诞不经，任意放纵，真是奇诡滑稽，而又宏肆奔放。庄子认为天下混乱纷扰，不能用太庄重的语言来表达自己的思想，只能用虚构的寓言，吸引大家的注意。既然是虚构的寓言，就不必真有其人、真有其事，也就无从考证真假了。

道家的中心思想是"道"，"道"是虚无缥缈抽象的存在，不可见、不可闻、不可触，大道幽微奥秘，我们不能用客观的理智去诠释、理解，只能用主观的感情去直觉、体悟。所以《天道》篇中，庄子假借轮扁的话，认为齐桓公所读的圣人之言，只是古人的糟粕。

道，没有形、色、名、声，却普遍存在。《知北游》篇中，庄子说：道在蝼蚁，道在稊稗，道在瓦甓，道在屎溺。道虽然是普遍的存在，但是我们不能说蝼蚁就是道，稊稗就是道……我们不能以一个有限的相对的形、色、名、声的物体，来涵盖道的范畴。因此，庄子打破传统的语言表达方式，不用说明式的文字，而用象征性的文字，他的文章充满浪漫的色彩。庄子是借虚构的具体事物，表达抽象的理念。

庄子寓言，想象力丰富

庄子寓言中的人物，包括上古时代的神话人物，有帝王、宰臣、名士，也有与庄子同一时代的历史人物，还有许多庄子编造虚构的人物，有的有名字，有的没有名字，而冠以国名（如宋人、越人）、官名（如右师、监河侯）、职业（如狙公、庖丁），或形体的特征（如刖者、叔山无趾）。庄子擅长刻画人物，不管是正常的人，还是形体残缺的人，或是神仙鬼怪，在庄子的笔下，都是栩栩如生，十分传神。譬如《人间世》篇，他描述支离疏的体型，说支离疏头低下来的时候，缩在肚脐下面，肩膀高出头顶上，发髻指着上天，五脏的脉管突起在背脊，两股几乎成了两胁。虽然只是寥寥数语，却令人印象深刻，其用字之夸张，意象鲜明。

庄子的学识很渊博，观察力很精细，想象力很丰富，各种珍禽异兽、花草树木，一到了庄子笔下，都成了灵动、活泼的生命力。庄子常常以象征性的语言和诙谐的笔调,反映他对凡俗的嘲弄,但是在揶揄声中,又隐含悲悯与同情。

庄子的文学,是情感的美、理智的善、科学的真三者的紧密结合。

六才子书,庄子为首

庄子的文学成就,大体而言,一是充满机智,二是富于谐趣,三是具有豪情。清朝金圣叹批六才子书,庄子为首,不是浪得虚名。庄子的机智,孕育出许多的名言警句,令人深刻觉醒、体悟。庄子以其聪明睿智,找到了人生的盲点。人生的痛苦,往往是因为私心太重、欲望太多,只有超越实用的、功利的目的,人的心灵才能不受层层的束缚,而得到自由解脱。庄子主张与时俱化,顺应自然,这是庄子的高明,也是庄子的机智。

庄子的文章,富于谐趣,这和他开朗豁达的个性有关。庄子热爱自由,不喜欢受拘束,他看待人生,就像游戏一样。庄子性格开朗,他喜欢开玩笑,但不是恶意伤人,他对当时的政治、社会有严厉的批评,笔调多戏谑和嘲弄。《齐物论》篇中朝三暮四的故事,即是嘲讽众狙昧于虚名,狙公喂食橡实,早上三颗、下午四颗,与早上四颗、下午三颗，没有不同，但是众狙或喜，或怒，人生不也是如此吗？什么是真相？什么是假象？我们都喜欢听好听的话。“金玉其外，败絮其中。”我们常被美丽的外表蒙蔽，而看不到被蒙蔽的内涵。

庄子的诙趣，不是低俗的逗乐，而是高级的幽默。庄子是讽刺的高手，却也不失君子风度，他很少激烈的批评，他常常借古喻今，让读者自己去体会。同时，庄子不爱说教训的话，而是在轻松有趣的文字中，隐含高深的哲理。我们不会像看一般的笑话一样笑完就算了，我们读庄子的文章，得到了乐趣，也学到了哲理。

转化提升，超拔现实

庄子的豪情，来自对现实的超拔。庄子一生穷困，却能转化与提升，苦中求乐，乐在其中。一般人拘泥于生死、荣辱、祸福、得失、善恶等的困惑，所以缩手缩脚，放不开来。庄子是知道、安道且得道的人，无思无虑、无处无服、无从无道，所以能知道、安道且得道。庄子能够放开一切形体、心知的蔽障，如至人、神人、圣人一样，做到无己、无功、无名，无求无待。

如何知道？不以知道为知道，才是真正的知道。如何安道？不以安道为安道，才是真正的安道。如何得道？不以得道为得道，才是真正的得道。“有”的观念消解了,“无”的观念也消解了,一切都放下,这就是“同于大通”。《大宗师》篇中的“坐忘”,忘其所忘,则无不忘矣!一切的得失、祸福都忘了,还有什么得失、祸福呢?

庄子有伟大的胸怀,有热烈的感情,有冷静的头脑,所以庄子的文章深具豪情。庄子的豪情,开通放达的成分居多,盛气凌人的局面甚少。我们读庄子的文章,可以感受到庄子超出尘世的飘逸情怀,而不会觉得他是一个咄咄逼人的激烈分子。

庄子的文章,字字珠玑,令人赞叹。庄子虽然时常随心所欲地嬉笑怒骂,但是在他严厉批评的背后,呈现的是高度的关怀。他不只是追求个人的自由逍遥,更为痛苦的芸芸众生指点迷津。

阅读省思:

1. 你认为庄子的文章,最大的特色是什么呢?

2. 你从庄子的文章中,受到哪些启发呢?

天地有大美，人生有至乐

美是在有限中看出无限

庄子在《知北游》《天道》《天下》等篇中多次提到“天地有大美”。他认为天地之所以有大美，是因为天地体道而行，自然无为，不带有实用目的的活动，自由、无限。美是在有限中看出无限，心境越自由，越能享受美的存在，自由与无限是一切美的特质。

游戏是艺术的起源，游戏和艺术都是不带实用目的的自由活动。孩童在游戏时，游戏的本身就是目的，并不是在游戏之外别有所求。艺术也是如此。我们对于美的欣赏，必须把实用的目的抽离出去，才能真正享受美感的经验。现实的生活，是有限的、不自由的、苦闷的。苦闷起于人生对于有限的厌倦，梦想是人生对于无限的追求。

游，是优游自在、往来无碍

《逍遥游》是《庄子》一书的第一篇，意义不凡。表达庄子一生理想的追求就是要逍遥游。东汉许慎《说文解字》一书没有“遊”字,而有“游”字,“游,旌旗之流也”。旌旗的流苏随风飘扬,非常自得。清朝段玉裁注:“引申出游、嬉游,俗作遊。”遊、游同一个字。《论语》曰:“志于道,据于德,依于仁,游于艺。”游字也是取其“悠游自在,往来无碍”的意思。游,是心灵的解放,天道的自然运行,无为无求。人要效法天道,也能离绝功利之心、欲望之念,就能臻于逍遥自适、自由自在的人生至境。庄子认为人只要顺应自然,纯任自然,就可以与道合一,与天地精神往来。

自由是一种心境

自由是一种心境。庄子的人生理想,是建立在一个自由自在、无拘无束的逍遥世界的。什么是“逍遥”?简单地说,就是徜徉自得的意思。从前有一位哲学家在大树下休息,骄傲的国王经过他的身边,问他:哲学家,请问有需要我效劳的吗?哲学家回答说:国王,你唯一能帮忙的事,就是请站开一点,不要遮住我的阳光。一个人到了不拘无求的地步,才能真正获得自由与尊严。

燕雀安知鸿鹄之志?大鹏鸟从北冥迁徙到南冥,因为体积庞大，动作壮观，所以要飞上九万里的高空，而且要凭借六月海动的大风，才能游行自如，不被束缚。庄子一再使用夸张的笔法，说鹏鸟的翅膀若“垂天之云”“水击三千里”“抟扶摇而上者九万里”“去以六月息”，都在强调无限大的时空关系。

庄子所描述的逍遥世界，是个无拘无束、无限开展的自然世界，像是《逍遥游》篇的“无何有之乡”“广莫之野”，《齐物论》篇的“尘垢之外”，《应帝王》篇的“圹埌之野”，《在宥》篇的“无穷之门”“无极之野”，《天运》篇的“逍遥之墟”，《达生》篇的“无端之纪”，《山木》篇的“无人之野”“大莫之国”等等，都具有非常浩瀚广大的象征意义。

无用之用是为大用

一般人囿于有形的、有用的东西，以为看得见的东西才存在，有用的东西才有价值。其实，很多存在的东西是我们看不见的，很多世俗认为有用的东西，并不是真正有用，而很多真正有用的东西，从世俗的眼光来看却没有用。所谓有用、无用，并没有定论，得其当则有用，不得其当则无用，懂得无用之用是为大用，才能真正享受人生的大美。艺术的创作,只有在超越了实用、功利的目的后,创作的自由才能够完全呈现。

美就是自由的心志,自由的心志是不带任何功利、实用目的的,有了功利、实用的目的,就有了得失的心理、善恶的分辨。人的心志便杂多而繁乱,便不能自在自得。

庄子理想中的美,适合于自然的天地之美,庄子称之为“大美”或“至美”。人能取法天地的大美,才能获得人生的至乐。人生的至乐,不是指世俗感官的快乐,而是追求心灵的和谐、愉悦。世俗感官的快乐,来自外物的刺激,有得而不得,不是有求必得,而且非常容易破灭、消逝。一个人能解脱不明不白的生命困扰,才能游心于物之初,得到真正的喜乐。

大地无为才能宁静,天道无为而能自然化合。圣人法天而行,以自然为师。我们对外物、对别人的要求越少,依赖越低,我们的心灵空间就会越广、越宽,越能自在快乐,越能享受人生之美。能够放下一切,才能获得一切。一个人所能拥有的财富、地位、声名是很有限的,能够不汲汲于名利富贵的追求,不以名利为名利,才是真正的名利;不以富贵为富贵,才是真正的富贵。

天地有大美,人生有至乐,全看自己是不是能够用心去体悟领略。道不远人,幸福快乐之道,就在我们身旁。

阅读省思:

1. 你平常习惯用心观察大自然的景观吗?

2. 你能体会放下和悠游自在的快乐吗?

珍惜个体生命，善待自然生态

我们只有一个地球

我们只有一个地球，但是长久以来人类为了维持生存与发展，破坏大自然，对生态环境肆意蹂躏、践踏、征服。近年来，大自然的反扑，已经严重影响人类的生存，全球气候变暖、地层下陷、重金属污染、泥石流、病菌感染、流行病蔓延……对人类造成的伤害，全部来自人类对自然资源的浪费与破坏，使得自然生态严重失衡。重视清新的空气质量，维护洁净的饮用水质，珍惜有限的资源物质，追求无毒的居家环境，营造宁静、安全、舒适、健康的生活空间……这不只是环保教育最重要的课题，也是全人类共同努力的目标。

根据联合国相关组织调查，全球至少有11处顶级的美景濒临消失。欧美各国政府也强烈呼吁人民要重视节约能源、保证水质安全、提高空气质量、防止食品添加剂、减少垃圾、回收再利用资源，改变消费习惯，珍惜自己的土地，还地球一个健康又美丽的天地。

生态变化是跨越时代、跨越地域、跨越民族的问题，早在两千四百年前,庄子的大智慧,就已经深刻体会到这个问题,而且提出极为精辟深入的见解。首先,庄子意识到人类的生存与发展,与生态环境的平衡有基本的矛盾。人类的需要与其他物种能否存在,是利益背离的,人类的生存与发展,总以损害及破坏自然环境为代价,只要人类存在一天,这个矛盾就存在一天,因为人类往往只顾及自己的需要,而违反自然界的本性和规律。庄子的一生,除了努力探索珍惜个体的生命,追求人生的理想至境,也很用心在寻找如何使人类的生存发展与保持自然生态,得到平衡、协调,实现双赢。

庄子是继老子之后,最伟大的道家学者,他继承老子对道的主张,认为道是宇宙生命的本源,人是自然的一部分,是自然所生、所养,人在天地之间,与其他物种同样平等,人类并没有特别尊贵,人应该摒弃以人类为中心的思想。

《大宗师》篇中,庄子强调道是超乎时间、空间而存在,它是宇宙生命的本源,虽然无形、无声,看不见、摸不着、听不到,却是真实的存在,这是老子所说:有物浑然而成,在天地产生以前就已经存在的说法的延伸。《知北游》篇中,庄子进一步说明,在天地产生以前就已存在的东西,必然是个"非物",混沌一片,是产生万物的根源。在《齐物论》篇中,庄子直接称为"真君"。

庄子崇尚自然,反对人为的扭曲

“自然”二字,庄子有时指人与天地万物真诚无畏的本性,有时指天地的大美,有时指人依乎自然之道的修炼而达到的人生境界,庄子崇尚自然,反对人为的扭曲。《马蹄》篇中,伯乐为了驯服马匹,给马匹各种严厉的要求,这是庄子所反对的。庄子强调天地万物自然的生命状态,认为人为了自己的利益而伤害其他的物种,是不正确的做法。

人在天地间的地位如何呢?庄子在《人世间》篇中说,“与天为徒”,就是认为天子和自己,都是天的儿子。既然自己和天子都是天的儿子,自己和其他的物类,不也都是天的儿子吗?因此,物类齐一,没有大小、尊卑、轻重之分。

人受食于天

《德充符》篇里,庄子提到“天鬻”一词,天鬻,就是天养,人受自然的饲养,受食于天。人既然受食于天,就不应该恣意破坏、损害自然生态。庄子常常提到“终其天年”。《养生主》篇中,庄子说:为善不要近乎求名,为恶不要邻乎得刑,忘掉善恶,顺乎自然的中道而行,才能保全自己,才可以保全天性,才可以养护真君,才可以享尽天赋的寿命。庄子把保身、全生、养亲、尽年,看得比追名求利更重要,就是告诫人要珍惜个体的生命。

庄子不只提到人要"尽年",还以"山中之木因为不材得终其天年,而主人家中的雁子却因不材死"为例,提示人常常以自我为中心,把自然万物分为有用、无用,认为对人类有需要、有价值的就是有用;对人类没有需要、没有价值的就是没用。所以,《人间世》篇中,柤、梨、橘、柚等结果实的树,果实熟了,就被敲打摘下,树枝被折断。而长得非常高大的栎树,因为是一棵没有用的散木,把它做船会沉,做棺椁很快就腐烂,做器具很快就毁坏,所以能够"终其天年"。

庄子主张变无用为有用

庄子主张善待自然生态,在生产和生活方面,尽量利用天然能源和资源。《逍遥游》篇中,许由说:有了日月的光,就不必有烛火;已经下雨,就不必再浇水。其次,要把无用的变有用,即今人所谓的资源再利用。《逍遥游》篇中,庄子建议把无用的樗木,种在虚无寂寥的乡土,广大辽阔的原野,以供人乘凉休息;惠施的大葫芦,不只可以剖开盛水,也可以作为小舟,浮游四海。当然,善待自然生态是最重要的,人要节制开发和使用消耗性的自然资源,发展低碳经济,从根本上解决人类生存发展与维持生态平衡的矛盾。

阅读省思:

1. 庄子的自然观,是不是有超越时空的价值呢?

2. 你有努力改变消费模式,坚持低碳生活的习惯吗?

海阔天空任君逍遥

天生我材必有用

唐朝大诗人李白说："天生我材必有用。"俗话也说："天不生无用之人。"人的资质虽然有聪敏愚笨之别，相貌有美丑俊恶之分，财富有富贵多寡之异，但是，尺有所短，寸有所长，天下事一长一短，难分轩轾。个子高有个子高的好处，个子矮也有个子矮的方便；穷人有穷人的辛苦，富人也有富人的烦恼。

生为一个人，最重要的是能够认识自己，接受自己，发展自己，成就自己，享受自己。每个人都要有自知之明，知道自己有什么、没有什么，要什么、不要什么，该做什么、不该做什么，用自己的因缘、条件过生活，适合自己的生活，才是最好的生活。有人志在高山，有人志在流水，有人汲汲营营追求功名利禄，有人淡泊名利，粗茶淡饭甘之如饴。

庄子梦为蝴蝶

庄子的思想最为人所称道的，就是要做快乐的自己，逍遥自在,不受尘俗名利的束缚。庄子有一天睡觉时做梦,梦见自己化为一只蝴蝶,栩栩然快乐自得。等到梦醒的时候,回想起来,不知道是自己梦为蝴蝶,还是蝴蝶梦为自己。人生最快乐的事,是能够随心所欲,爱怎么样就怎么样,不爱怎么样就不要怎么样,偏偏在现实生活中,我们常常事与愿违,做自己不想做的事,听自己不想听的话,见自己不想见的人。

在美感经验中,主客合一,物我合一,人被拟物化,物也被拟人化。在美感观照时,人与被观照的物,直接碰触,中间没有任何隔阂,物与人直接交流,我即是物,物即是我,不知何者为物,何者为我。

人生的痛苦,往往因为把自己看得太重,而且欲望太多,一个人能够把自己看得很轻、很淡,甚至忘了自己的存在,就能够像庄子梦为蝴蝶一样,物我泯然浑一,分不清何者为蝴蝶,何者是庄子。自由是对立的消解。当一个人能够浑然与天地合为一体,物我没有隔阂、区别,相合相融,内心就会无挂碍,而徜徉于无限自由的逍遥世界,自得自足、自适自乐。

快乐是主观的自觉

《秋水》篇中,庄子与惠施在濠水桥梁上游乐,他对惠施说:你看水中的游鱼,从容自得,真是快乐。惠施说:你不是鱼,你怎么知道鱼的快乐呢?庄子回答说:你不是我,你怎么知道我不知道鱼的快乐?惠施说:我不是你,当然不知道你;你不是鱼,当然是不会知道鱼。庄子和惠施都是辩才无碍的人,庄子不认输,说:话说回来,在你说我怎么知道鱼的快乐的时候,证明你已经知道我知道鱼的快乐,所以才这样问我。我怎么知道鱼的快乐呢?我是在濠水桥梁上看到的。

庄子和惠施两个人,一个从感性角度看问题,一个从理性角度看问题。庄子设想自己像是从容快乐的鱼,当下的观照是直觉的,是趣味的认知,超越了利害、得失、善恶的态度;而主张明理的惠施,则是从逻辑、理智的角度加以判断,是知觉的"知",而不是直觉的"直",是以我观物,而不是以物观物。理路不同,所以不是同调。

物无不美,但是要有一颗欣赏美的心,所以意大利大画家罗丹说:"这个世界不缺少美,只是缺少发现美的眼睛"。"万物静观皆自得,四时佳兴与人同。"天下一切人、事、物的美,都要在静观中才能怡然自得。快乐是主观的自觉,而不是客观的分析、判断。我们常看到很多志工,出钱出力,劳动付出,苦不堪言,却能自得其乐;另外,我们也看到有些人,一面吃鱼啖肉,一面却嫌鱼腥肉臭,身在福中不知福。不以苦为苦,何苦之有?不以乐为乐,何乐之有?苦、乐只在一念之间。快乐不是拥有很多,而是抱怨很少。一个人心里充满爱、感恩、感激,他的人生便是彩色的;相反,一个人心里只有怨、怒、恨,他的人生便是黑白的。

想要快乐,就能快乐,很多人舍近求远,舍本逐末,求的越多,失的越多。快乐来自一颗自由的心灵,说放下,就放下,不贪、不求,快乐俯拾可得。

快乐是人生第一要义。工作是为了生活,生活不只是为了工作;有些人工作一百分,生活不及格。该工作时就工作,该休息、娱乐时,就要休息、娱乐。人生不是等到怎么样,才能怎么样,是要能怎么样,就能怎么样。快乐是自找的,不是等待别人施舍的。等待别人施舍,才能有快乐,是很少有机会快乐的。

人无所逃于天地之间

庄子《人间世》篇说:“人无所逃于天地之间。”有些人看不惯纷扰的社会百态,不适应紧张忙碌的现实生活,总想逃避山林,遁入空门,甚至举家移民,远渡重洋。其实,人在天地间,到处是净土,到处也是灾难。中国有地震天灾,美国、日本也有。中东炮火连天,战争不停,非洲也饥荒贫困,民不聊生。狄更斯《双城记》中说:这是最好的时代,这是最坏的时代;这是智慧的时代,这是愚蠢的时代;这是信仰的时期,这是怀疑的时期……这是光明的季节,这是黑暗的季节。每一个时代,都有它的好,也都有它的不好,而且所有的好与不好,常常是联结在一起,相互关联的。

人与人相处,我们不能只接受别人的优点,不接受别人的缺点,我们接受一个人,是要照单全收。我们必须正视人生,人生是有很多挫败失意的时候。逃避问题,问题依然存在,我们只能平心静气地面对它、接受它、处理它、放下它。能付出是福,没有烦恼是慧。我们要努力培养能力与智慧,欣然接受天命的安排,追求自己幸福、快乐的人生。

阅读省思:

1. 心态决定状态,你有阳光的心态吗?

2. 打瞌睡只会做梦,打拼才能圆梦,你同意吗?

人生有许多无奈

顺了姑意，逆了嫂意

苏轼诗云："耕田欲雨刈欲晴，去得顺风来者怨。若使人人祷辄遂，告物应须日千变。"耕田的人希望下雨，下雨土湿，好犁田；晒谷子的人希望晴天，晴天有阳光才能把稻谷晒干。走在路上，一边是顺风，另一边就是逆风，风吹两边，不可能两边都是顺风。每个人的需求不同，虽然顺了姑意，却逆了嫂意，但是老天很为难，不可能让每个人都顺心如意，老天若要顺着每个人的心意，每天就要千变万化了。我们祝福别人"万事如意""事事顺心"，就是因为不能万事如意、事事顺心，才给予衷心的祝福，希望对方能心想事成。

"天有不测风云，人有旦夕祸福"。老天常常不经意给人一些惊喜，但是多半的时候，是给人带来伤害、痛苦，很多的自然灾害，都不是人类能预知的。"天地无情，人间有爱。"好在人类遇到不可抗拒的自然灾难时，能够同心协力，共同对抗，把伤害减到最低。即使不能避免伤害，也能互相救助，弥补损失，尽快从残房破瓦中，重建家园，重新站立起来。

天命难测

天命难测。人生如棋局，每走一步，我们都不知道下一步会如何变化。天在中国，有时是指无意志的天，有时是指有意志的天，前者为自然天道，后者为鬼神苍天。多半的人都相信在这个世界上，冥冥之中有一个主宰，虽然很多人强调事在人为，但更多的人相信天意难违。

庄子说：人生处世，应当超然物外，逍遥自在，把一切烦恼寄托于不得已，以养护形体的主宰。“不得已”三个字，隐含人生的许多无奈。人生有许多的事是人所不能左右的，人不是想得到什么，就能得到什么；想做什么，就能做什么。人生不如意，虽然未必十之八九，至少也是十之五六。世事变化无常，谁能保证每个人晚上上床睡觉，第二天都能醒得来呢？

《悟空歌》云：“天也空，地也空，人生渺渺在其中。日也空，月也空，东升西坠为谁功？金也空，银也空，死后何曾握手中？妻也空，子也空，黄泉路上不相逢。权也空，名也空，转眼荒郊土一封。”一个人能够把一切名利、得失、家庭、事业，全部放空、放下，心中没有负担，没有障碍，就能自由自在、自得其乐了。

生气是拿别人的错误惩罚自己

人与人之间，难免会有很多争议、冲突，“公说公有理，婆说婆有理”，各自坚持己见，互不相让，也就会生气、愤怒。有人说，生气是拿别人的错误来惩罚自己。我们不要拿别人的错误惩罚自己，也不要拿自己的错误惩罚别人，更不要拿自己的错误惩罚自己。别人对我们的批评，如果是对的，我们不能生气；别人对我们的批评，如果是错的，我们不必生气。不管别人对我们的批评是对的还是错的，我们都要泰然处之。

生气最伤和气。有一首《莫生气》的打油诗：“人生就像一场戏，因为有缘才相聚。相扶到老不容易，是否更该去珍惜。为了小事发脾气，回头想想又何必。别人生气我不气，气出病来无人替。我若气死谁如意，况且伤神又费力。邻居亲朋不要比，儿孙琐事由他去。吃苦享乐在一起，神仙羡慕好伴侣。”各人吃饭各人饱，各人业力各人了。人生之所以有很多烦恼与痛苦，就是因为人常常想不开，管太多的事，除了管自己的事，还要管儿孙和亲朋好友的事，甚至要管老天爷的事，自以为自己的两肩就能挑起天下的重任。

其实,我们并没有广大的神通,我们的能力是很有限的。庄子《养生主》篇提到,我们的生命是有限的,而想要的又太多,所以欲望总是难以满足的。人生的有限,包括存在的有限,需要的有限,能力的有限。人在时间的巨流中,只是瞬间而已;人在浩瀚的空间里,只是微尘罢了。人常常自不量力,就像夸父逐日的神话,最后是渴死、累死。人与天争,永远是输家,人在天地之间,犹如孙悟空逃不出如来佛的手掌心。

人体生命的存在,只要一点点食物、一点点水就够了,可是人心贪得无厌,没有东西吃的时候,希望有东西吃;有东西吃的时候,希望能吃饱、吃好,甚至讲求情调、气氛。人生的欲望是无止境的,一方面物质未必能满足我们的欲望,一方面我们的能力未必能求得欲望的满足。一个人如果不能知止、知足,求不完就苦不完,就会掉入痛苦的无底深渊。

庄子说:“人之所不得与,皆物之情也。”人生所不能做到的事情、所不能得到的东西,都是万物本来的样子,因此,面对无可奈何的事,只能安之若命。庄子在《知北游》篇、《德充符》篇,都提到这个观念,而认为能够具备这种修养的人,是“德之至”,是“唯有德者能之”。著名作家杏林子女士,身染重疾,行动不方便,但她没有被悲惨的命运击倒,而是以无比的毅力与勇气,与病魔对抗一生。她不只孜孜于写作,还创办伊甸福利基金会,帮助许多像她一样身受疾病之苦的儿童及成年人。杏林子不怨天,不尤人,勇敢面对老天给她的一切,令人十分敬佩。“行到水穷处,坐看云起时”,唐代诗人王维所描述的悠然自得的心境,正是杏林子一生的真实写照。

老天给我们的一切都是恩典

老天给我们的一切都是恩典,我们要时常心存感恩。面对人生的许多无奈,庄子要我们坦然面对,他提出“托不得已”的观念,以及强调“知其不可奈何而安知若命,德之至也”,并不是消极、推诿的宿命思想,而是积极、坚强的承当。

阅读省思:

1. 面对人生的不圆满,你会保持什么态度呢?

2. 你会勇敢面对人生的很多无奈吗?

勇敢面对生死

时常在报纸上看到，有些年轻的朋友，因为承受不了功课的压力，或是感情的纠纷，或是与家人的冲突，不幸走上绝路，断送大好青春光景，令人惋惜、遗憾。死并不难，处死为难。死有重于泰山，有轻于鸿毛，要死得其时，死得其所。

人生百年，如白驹过隙

人生百年，如白驹过隙。人从哪里来？人到哪里去？长久以来，这一直是科学家、哲学家、宗教家不解的谜题。古人常说："生年不满百，常怀千岁忧。"虽然科技与医疗越来越发达，现代人也非常注重养生，但是活到百岁以上的人，到底还是少数，一般而言，都是活到七八十岁而已。在有限的岁月里，人生充满很多烦忧。庄子《养生主》篇中，强调个人的生命是有限的，而心智的逐物是无穷的，以个人有限的生命去追求心智无限的欲望，是非常危险的。

人生没有回头路。古希腊哲学家苏格拉底有一次带领学生到果园摘苹果,要求每个人只能摘一个自己认为最好的苹果。等到走出果园,学生们纷纷希望能有再一次的选择,因为没有一个学生满意自己的选择。

人生是苦海

佛家讲:人生是苦海。小时候有小时候的苦,长大后有长大后的苦,年老了也有年老的苦;男人有男人的苦,女人有女人的苦;穷人有穷人的苦,富人有富人的苦。处在世上,何人不苦呢?

人要如何看待生命?在有生之年,活得漂漂亮亮,是一门很大的学问。宋朝文天祥说:“人生自古谁无死,留取丹心照汗青。”虎死留皮,人死留名。今人余光中也说:“人死的时候,不是什么东西留给棺材。而是什么东西留给历史。”现代人很重视生命教育,所谓生命教育,就是教育年轻人,人为什么活着,人要怎么活着,人要如何看待死亡……生命教育的目的,主要在于告诉我们生命的意义是什么,生命的价值在哪里。如果生命是一串的联结,我们应该如何解套?如果生命有许多契机,那么我们如何把握呢?

人的一生,有很多可以改变的事,有很多不能改变的事。想改变不能改变的事,是愚昧;不想改变能改变的事,是懦弱;而知道什么是可以改变、什么是不可以改变,是智慧。变不一定更好,不变一定不能更好。面对日新月异的变局,我们一方面必须以变应变,一方面又要以不变应万变。就像庄子《山木》篇中说:山中之木,以不材而得终其年;主人之雁,以不材而死。庄子要自处于材与不材之间,不是有材与不材的问题,是什么时候该有材?什么时候该不材?该有材的时候要有材,该不材的时候就要不材。

生命教育不只是一种认知的教育,同时要有引导的力量,能够引导个人从对生命的正确了解,激发出正向的潜能,达到个人内心的平和、安定,进而利他、助人的功能。利己是生命的基调,利他是生命的价值。

庄子《大宗师》篇说:古代的真人,懂得生命的奥秘,不知道生的喜悦,不知道死的可恶,他出生的时候没有欣喜,他死亡的时候也不拒绝,忽然就来了,忽然就去了,有德的真人看待生死,如此而已。可见生不足喜,死不足悲,有生必有死,这是自然的现象,是任谁都不能改变的事实,我们只能顺其自然。

死和生,都是天命

庄子又说:死和生,都是天命,像白天与夜晚的变化一样。圣人体悟这个道理,内心像一面镜子,物来不乱,物去不留,随缘自化。明朝洪应明《菜根谭》:"风来疏竹,风过而竹不留声;雁照寒潭,雁去而潭不留影。"自然界的景象,不都是如此吗?

人生难得,生命的存在是不容易的,古代多少人服食灵丹,求不死之药,可从来没有人成功。我们要有勇气生,也要有勇气面对死亡。死后的世界会是如何? 没有人有此经验。孔子说:"不知生,焉知死?""未能事人,焉能事鬼神?"我们只要好好活着、努力活着,就是生命最重要的意义。俗话说:"为了不要死得太难看,就要好好活着。"

人生像一出戏

人生像一出戏,每个人都是导演、编剧兼演员,命运掌握在自己的手中,自己不坚强,没有人替你坚强;自己不放弃,没有人能逼你放弃。成也自己,败也自己,祸福自取。自己是一条龙还是一条虫,不是别人说了算,是自己说了算。自己是一条龙,别人说你是一条虫,并不会贬损;自己是一条虫,别人说你是一条龙,也不会有增色。

人生是有限的,也有很多烦苦。人生的烦苦,有些是天生的,有些是自找的,前者如天生的残疾病痛,后者如自己的不良习惯,淫逸放荡。当然,天下熙熙皆为名利来,天下攘攘皆为名利往。名利二字很难被看破、看透,各种得失、利害、祸福的纠葛,最是人生烦恼的根源。人常常被放置在贫穷、恐惧与不安的环境之中,健康、财富、亲情、友情与爱情五个选项,每个人的优先次序不会都一样,因为每个人所缺少的不同,每个人所重视的也不同。

没有钱的生活是很苦的,有钱的生活就不苦吗?人的欲望是无限的,而人能满足的欲望是有限的,为了满足有限的欲望,取舍之间,便会产生无比的困惑、烦恼。庄子给我们指出一条正确的人生大道,要想摆脱人生的有限,不管是生命存在的有限还是追逐欲望的有限,就要懂得超越与提升,化有限为无限,学习大鹏鸟翱翔在九万里的高空,享受精神的自由空间。

阅读省思:

1. 你是如何理解生命的?

2. 你曾经在想不开时,有殉情的念头吗?

人生总有路可走

路是人走出来的

路是人走出来的,有时候我们以为山穷水尽,其实转个弯,又是柳暗花明。

俗话说:"天无绝人之路。"上帝给你关上一扇门,他又会为你打开一扇窗。

只要还有一口气,人生就充满希望。常常不是路已走到尽头,而是该转弯的时候,人不自觉而已。

条条道路通罗马。人生的路径,不会只有一条。我们只要能够平心静气、冷静思考,或是参考别人的意见,必然能够走出一条康庄大道。除非自己放弃,否则人生永远有机会。有一位年轻人,爱情失败,工作、事业也不顺利,心灰意冷,就想剃发出家,遁入空门。他上山到了一座寺庙,向住持说明来意。住持说:你不是要出家,你只是想逃家。你先别急着剃发受戒,冷静思考几天再说。过了几天,这位年轻人想通了,决定下山重新打拼,后来果然开创一番事业,也拥有了美满的家庭。

有一位商人做生意失败,亏欠很多钱,一时想不开,就要跳河自尽。他走到河边,看见一个女子忧伤愁容,正准备跳河。这位商人拉住女子问:为什么想不开?女子说:我心爱的男友移情别恋,我受不了伤痛。商人安慰说:你没有男朋友前,是不是一个人平平安安、开开心心过日子?女子回答说:是。商人又说:你以前一个人可以平平安安、开开心心过日子,为什么现在还是自己一个人,却不能平平安安过日子?而且你只是损失一个不爱你的人,他却损失了一个爱他的人,他的损失比你大呢!报复对方的伤害,最好的方法,就是好好活着。女子听了他的劝告,就不再自杀了。商人劝了女子之后,自己心里想:我不也是如此吗?以前我没有钱的时候,不也活得好好的吗?现在从有钱回到没有钱,为什么就不能好好活着?他自己也想通了,也不想自杀了。

人生有许多盲点

人生往往有很多盲点,自己解不开心结。生活苦一点没有关系,内心平和、快乐最重要。有一对穷夫妻,虽然生活不富裕,却能安贫乐道,天天从早到晚开心唱歌,吵得隔壁的有钱人家晚上睡不好觉。有钱人家的朋友建议那位有钱人送一笔钱给穷夫妻,他们就不会再开心唱歌了。果然,富人给穷夫妻一笔钱之后,穷夫妻讨论如何使用这笔钱,丈夫想要投资、置产,妻子想要旅游、买珠宝。两个人意见不同,发生争执,最后决定把钱还给富人,夫妻仍然快乐唱歌,过他们自己的生活。

知其不可奈何而安之若命

财富的多少、地位的高低、相貌的美丑、能力的大小……并无定数。庄子《德充符》篇有两个故事,颇耐人寻味、省思。郑国有个人名叫申徒嘉,断了一条腿,他和郑国的执政大夫子产一起拜伯昏无人为师,同在一个师门下。子产认为执政大夫的地位高,不屑与申徒嘉为伍。他对申徒嘉说:我先出去的时候,你就稍后再走;你先出去的时候,我就稍后再走。第二天,申徒嘉仍然和子产同席而坐,子产很不高兴地说:我现在要出去,你可不可以稍后再走?你看见我这执政大夫,怎么不知道回避,难道你也是执政大夫吗?

申徒嘉说:在老师的门下,会有执政大夫的尊贵吗?你以自己是执政大夫而自显尊贵,瞧不起别人,不是太过分了吗?我刚来跟老师学习的时候,有人笑我身体残缺,我内心很难过、愤怒。学习一段时间之后，我的怨气就消失了，我跟着老师学习十九年之久，已经不觉得我是只有一只脚的人。现在你以形体的标准来看待我，而不以德行的标准来看待我，亏你是执政大夫，不觉得惭愧吗？子产听完之后，立刻向他赔礼道歉。我们评定一个人，是不可以以形体是否健全为标准，而是要以德行是否健全为标准。

另外一个故事：有一个名叫叔山无趾的人，因为早年犯错，被砍去脚趾。有一天，叔山无趾去见孔子，要向孔子请教学问，被孔子拒绝了。叔山无趾说：我以前因为年轻无知，犯了错误，才被砍去脚趾。我现在知道生命中有比脚趾更尊贵的东西，所以前来向你学习，你竟然还在意我没有脚趾的事。孔子听了，觉得很浅陋，要求叔山无趾留下来指导他的学生，但叔山无趾还是离开了。孔子应该不是庄子笔下的个性，这个故事中的孔子，只是庄子拿来借喻的一个对象吧！

人有形体的缺陷，也会有心理的缺陷。形体的缺陷，是大家看得见的，而心理的缺陷则是大家不易看见的。形体的残缺，造成行动的不方便，外观的不美好，令人同情而不应该鄙视；心理的缺陷，则有待自我的调适和专业的辅导。

在幸福美满的家庭中成长的孩子，充满热情与信心；欠缺爱与温暖的孩子，内心常怀恐惧、不安，容易害羞，性格内向，缺少自信，甚至对社会具有敌意，或者有暴力倾向。不过，不管是形体的缺陷，还是心理的缺陷，人生都有一些不圆满。有人太高，有人太矮，有人太瘦，有人太胖，有人长得不漂亮，有人学习能力不足，虽然不一定是形体的残缺，但也会造成内心的不平衡。

人心像一面镜子

人心像一面镜子，镜子明亮就不会沾惹尘埃，沾惹了尘埃，镜子就不够明亮。人生最重要的是要有一颗光明洁净的心，能够很清楚地分辨自己所有、所没有，勇敢走出自己的人生大道。

人生有很多缺口，努力为缺口找出口。人生的出口，在于自己的蜕变，只要自己能走出失败的阴影，保持阳光的心态，主动、积极、乐观、负责，就一定能挥洒出亮丽的远景。

阅读省思：

1. 你对自己的前途充满乐观、信心吗？

2. 你对别人的挫折，会及时给予安慰、鼓励吗？

人生有梦最美

梦是一种自由的活动

梦是一种自由的活动,梦是一种精神的解脱。在现实生活中,我们常会有不敢做的事、不敢说的话、不能实现的愿望,往往夜晚睡觉的时候,会在梦境中一一呈现。我们每个人都有做梦的经验,有的时候是做好梦,有的时候是做噩梦。做好梦是件愉快的事,尽管梦境是虚幻的,睡醒之后,回想起来,依然意犹未尽,十分喜悦。做噩梦则是挺难过、挺不舒服的,从睡梦中惊醒过来,仍然令人心存余悸。

庄子是个喜欢做梦的人

庄子是个喜欢做梦的人,大概也常常做梦。在《庄子》一书里,庄子描述了好几则与做梦有关的故事。《齐物论》篇中,庄子谈做梦,我们有时晚上梦见在饮酒作乐,早晨起来却可能碰到倒霉的事而伤心痛哭;晚上梦见伤心难过的事,早晨起来却开心地去打猎。

梦与人生，并无必然的关系。在现实生活中，庄子的生活很贫困，一定有很多不如意、不开心的事，譬如他穷得没有钱吃饭，向监河侯借钱，却借不到钱；又如惠施是庄子的好朋友，却担心庄子会夺走他的相位，就命人追捕庄子。所以，庄子做了一个梦，像蝴蝶一样逍遥自在，想飞到哪里，就飞到哪里；想做什么，就能做什么。

《大宗师》篇里，庄子形容古代的真人，修养已经到了最高的境界，无忧无虑，没有人生的烦恼与痛苦，所以晚上睡觉不会做梦，因为心无滞碍，和平喜乐。另外，庄子借孔子之口告诉颜回，人生如梦，人们常以暂有的形体说这是我、我在这儿；其实，我们哪里能确知我就是我呢。譬如，我们梦见是鸟，就在天空飞翔，梦见是鱼，就在水底遨游。我们在讲话的时候，不知道是醒着还是在做梦。生、死原无一定，是梦还是醒很难说。

孔子带弟子周游列国，受到许多屈辱、穷困。孔子到宋国，司马桓魋讨厌孔子，把孔子坐过的树都砍掉；孔子到卫国，卫国人不喜欢孔子，把孔子走过的地方削迹；孔子受困在商、周的地方，还在陈、蔡的地方被围困了七天七夜，没有生火煮饭，几乎要饿死。《天运》篇中，庄子认为孔子的这些遭遇，就像是做噩梦一样。人生的际遇，往往不是我们所能预期的，晚上睡觉时，也不能预知会做什么梦。

人生如梦,唐朝大诗人李白《春夜宴从弟桃花园序》:“夫天地者,万物之逆旅。光阴者,百代之过客。而浮生若梦,为欢几何?”借此感叹人生无常。宋朝苏东坡《和子由渑池怀旧》诗也说:“人生到处知何似?应似飞鸿踏雪泥。泥上偶然留指爪,鸿飞那复计东西。”人生飘忽不定,多半的时候,是事与愿违,我们一方面要有豪情壮志,一方面要能乐天知命,有一颗豁然开朗的心,挥洒人生的彩笔。

会当凌绝顶,一览众山小

唐朝诗人杜甫有一首五言古诗《望岳》,其中有两句名句:“会当凌绝顶,一览众山小。”意思是什么时候才有机会爬上泰山的最高峰,那时向下俯瞰众山,众山就显得十分渺小了。做人要有志气,登高可以望远,一生有很多理想等待我们去实现,就像一座一座的高山等着我们去攀登、征服。爬山的路,不会是平坦顺畅的;人生的理想,也不会轻易实现。但是等到我们爬上高峰顶端,极目四望,峰峦叠翠,尽收眼底,一定会无比的骄傲与舒畅。我们远大的目标、宏伟的志向,历经各种严峻的考验,终于心想事成的时候,不也是无限畅快喜悦吗?

曹操《短歌行》:“对酒当歌,人生几何。”英勇豪迈、气吞山河的曹操,竟也有如此的慨叹。我们要学习庄子洒脱的个性,勇敢面对生死,对于人世间的种种纷争、是非的旋涡,保持一颗清明的心,像展翅高飞的大鹏鸟,不受羁绊、束缚,自由自在,自得其乐。

人生潇洒走一回

“大江东去,浪淘尽,千古风流人物。”古今多少英雄豪杰,都随着滚滚长江、黄河,奔流而逝。名留不住,利也留不住;生留不住,死亦留不住。歌手叶倩文的《潇洒走一回》,深得人心:“天地悠悠,过客匆匆,潮起又潮落。恩恩怨怨,生死白头,几人能看透?红尘啊滚滚,痴痴啊情深,聚散终有时。留一半清醒,留一半醉,至少梦里有你追随。我拿青春赌明天,你用真情换此生。岁月不知人间,多少的忧伤,何不潇洒走一回?”庄子若活在今天,一定也会喜欢这首歌。

阅读省思:

1. 你认为人生应该潇洒走一回吗?

2. 人生有梦最美,你如何筑梦、圆梦呢?

潜能无限不要自限

《秋水》篇中,河伯与海神有一段精彩的对话。秋天的时候,河水涨得很高,许多小河川的水都汇集到大河,奔流不息,大河的两岸好像也变宽了,隔着水,分不清牛与马。河伯看了很高兴、很得意,以为全天下的壮美,都在这里。河伯顺着水流向东流,一直到了北海,向东一望,看不到尽头。这时河伯才改变之前喜悦的脸色,对海神说:俗话说,自以为听到很多大道,没有人比得上自己,说的就是我了。我现在看到你这样的无穷无尽,才知道自己的浅薄。

井底之蛙所见有限

海神说:井底的蛙,不能和他讨论海的广阔,是因为自限于所见的空间;夏天的虫,不能和它讨论冰的寒冷,是因为自限于生存的时令;见识浅陋的人,不能和他讨论道理,是因为自限于所受的教育。现在你能摆脱河岸的限制,看见了大海,知道自己见闻的浅陋,就可以和你讨论大道。

谈起天下的流水,没有比大海更大的,天下所有的河水都灌注进去,不知道什么时候才能停止,但它不会溢满。海水一直在流动,不知道什么时候停止,一年四季都不会枯竭,水涝、旱灾都不受影响。然而,我从来不会因此而沾沾自喜。我在天地之间,实在太渺小,就像小石子、小木条在大山中一样。估计四海在天地之间,也只像一个小洞在大湖泽中,而中国之于四海之内,也如同一粒谷米在大米仓中。物的种类有成千上万,人只是万物之一而已。

这一段河伯与海神的对话,实在很值得我们省思。有些人会背几篇文章,自以为是学者;会写几篇文章,自以为是作家,实在是不自量力。世界无限宽广,我们千万不能目空一切,狂妄自大。

登泰山而小天下

"登泰山而小天下。"河伯走出大河,到了大海,才自觉渺小。如果我们拘泥于自己的方寸之地,就看不到天地的广大浩瀚。道路是宽广无限的,我们不要限制自己。

《论语》曰:"君子不器。"君子博学多闻,不像器皿只有一种功能。英国海军大将纳尔逊说:"伟人从小就是看重自己的。"将相本无种,男儿当自强,处在今天男女平等的时代,男女都应该自强。

不自限的人,是有志气的人。一个想成功的人,虽然不一定就会成功,但是一个不想成功、没有决心要成功的人,是绝对不会成功的。

不自限的人是心灵自由的人

不自限的人是心灵自由的人。自由是一种心境。人生有种种的限制,有些是先天命定,人力难以抗衡;有些则是自己加上的,就像压力一样。虽然有的压力是外来的,但多半的压力是自找的。

人生是有限的,但是人生的价值,是可以在有限中追求无限。人不自限于有限之中,就能追求人生的无限。人生并不是要什么就有什么,常常是要什么而没有什么。人生的苦恼、烦恼是诉说不尽的,但是人生不是全然无可作为,人可以不断向极限挑战,运动员追求跑得更快、跳得更高、跳得更远,虽然不能突破人类体能的限制,但是每次的奥运比赛中,都有佳绩呈现。

人生的道路宽广无限,但是很多人常常画地自限。孟子说:“挟泰山以超北海,语人曰‘我不能’,是诚不能也;为长者折枝,语人曰‘我不能’,是不为也,非不能也。”很多人没有成功,不是没有机会,而是没有尽心尽力,努力求取成功。老天不会亏待努力的人,努力过的双手,不会是空的。给自己一个想成功的理由,给自己一个相信能成功的原因,咬住成功不放,一定能成功。

成功来自对成功的渴望

成功来自对成功的渴望。成功的关键,来自于主动、积极、乐观、负责。做大事业的人,要有大心胸、大气度、大格局,君子志在四方,格局要远大,视野要开阔。格局影响结局,企图决定版图。现在是网络经济的时代,我们的思维不能自限于当下,而要让创新思维成为一种生活习惯。有好脑袋才有好口袋,换脑袋才能换口袋,脑袋不空,口袋就不会空。

人要努力才能成功,做梦要有勇气和傻气,追梦要有动力和毅力。世界瞬息万变,我们处理事情的思维、方法和态度,都要跟着改变。读书不能改变命运的起点,却可以决定命运的终点,我们不断努力学习新的知识与技术,是非常重要的。

《逍遥游》篇中,庄子说:“小知不及大知,小年不及大年。”什么是小年?朝菌见了太阳就死,不知道一天的终始,蟪蛄春生夏死、夏死秋生,不知道一年的时光,这叫作“小年”。楚国有一只灵龟,以五百年为一季春天,以五百年为一季秋天。上古有一棵大椿树,以八百年为一季春天,以八百年为一季秋天,这是“大年”。相形之下,彭祖的长寿,只是小年而已。面对世界的变局,要能力争上游,破茧而出,化成美丽的蝴蝶,翩翩起舞。

阅读省思:

1. 你有勇气突破种种挑战和困境吗?

2. 你是想得太多、做得太少的人吗?

人生贵在发展自我

志向远大的人，常常被曲解、误会，不被谅解，伟人都是孤单寂寞的。爱迪生于1847年出生在美国俄亥俄州，家境贫困，只受过3个月的小学教育，12岁就在火车上工作。他少年时代已对自然科学产生浓厚的兴趣，刻苦自学，一生的发明有1000多种。爱迪生一生最大的贡献是发明了电灯，他经历了600多次的失败，最后终于成功了。

爱迪生是发明大王

爱迪生小时候便在火车上卖报纸维持生活。有一天，喜欢做实验的爱迪生不小心打翻了两瓶化学物品，使车厢着火。车长很生气，打了爱迪生一个耳光，并把他赶下车，他的化学物品也被扔出车外。爱迪生就因为这一个耳光，右耳从此耳聋，但他并没有因此放弃对发明的喜好，最后终于成为举世闻名的发明大王。

庄子《逍遥游》篇中,展翅高飞的大鹏鸟,有着庞大的体积,“鹏之背,不知几千里也”,“其翼若垂天之云”。大鹏鸟从北冥飞向南冥的时候,两个翅膀拍打着水,激起水花有三千里高,然后像旋风一样,飞上九万里的高空,而且靠的是六月海边的大风。如此的大场面、大阵仗,是蝉和学鸠没有办法体会和了解的。蝉和学鸠认为大鹏鸟实在不必这么大费周章,它们自己奋起而飞,飞到树上就停下来,如果力气不够,掉落在地上就是了。燕雀不知鸿鹄之志,不是鸿鹄的悲哀,应是燕雀的悲哀。当然,也许有人认为人各有志,每个人的能力不同,不必每个人都要成为大人物,立大功,赚大钱。

庄子未必是独行侠

庄子未必是独行侠,只能像展翅高飞的鹏鸟,在九万里的高空上,苍茫悲凉地踽踽独行。庄子有特立独行的人格特质,但是他也重视和谐的人际关系,庄子主张“外化而内不化”。《知北游》篇中,仲尼曰:“古之人,外化而内不化;今之人,内化而外不化。”庄子借孔子之口强调,古代的人通情达理,能够随着外物的变化而变化。一个人发展自我很重要,但是发展自我,并不意味要标新立异,特立独行,鹤立鸡群,孤绝于世俗之外。

外化而内不化

“化外”“化内”的“化”,都有融合的意思。外化,并不是要随波逐流,而是要随遇而安;内化,也不是要坚持己见,而是要顺应本性。一个小孩上学前,问他爸爸什么叫“应酬”。他爸爸回答说:有些事情你不想去而不能不去,叫应酬。小孩要上学了,告诉爸爸说:我要去应酬了。这当然只是个笑话,但是在我们日常生活中,真的是有些我们不喜欢做的事而不得不硬着头皮去做。

五十年前,一位朋友在台湾中部的一所中学念书,当地以出产草席出名。为了准备考大学,学校安排每个星期六下午要补习功课,一些爱玩的同学呼朋引伴都跑出去玩,这位朋友常常是一个人很孤单地坐在教室里看书。他曾经向人诉苦,叙说自己的孤独,没有玩伴。等到大学联考发榜,那些爱玩的同学都没有考到理想的学校,这位朋友却考取了台湾师范大学国文系,在庆祝会上有人问他还会后悔没有很多朋友一起玩吗,他笑了。是的,假如这位朋友当年也像其他同学一样,经常逃学不用功,一定考不上一流的大学。读书人要耐得住寂寞，几个同学一起嘻嘻哈哈在K书中心，一面聊天，一面看书，是看不下书的，也不能深入得到学习的效果。

发展自我，内心要有定见

现在的社会，充斥着各种诱惑，我们就像走进一个花团锦簇的公园，各种花草争艳竞芳，令人目不暇接。如果我们自己没有既定的目标，常常会迷失方向，不知何去何从。即使有了奋斗的目标，也会因为受不了各种诱惑，而不能专心学习、工作，努力了很久，还是一事无成。

"近朱者赤，近墨者黑。"社会是个大染缸，有些人因为不良环境的影响，受到各种的污染，学了一些不良的生活习惯。人性相去不远，人会做坏事，不是天性使然，多半是交了不好的朋友，内心又把握不住，才沉沦堕落。

庄子外化而内不化的道理，旨在告诉我们人生处世，不能遗世独立，不能一意孤行，违背社会规范，要使自己的行为与社会规范互相融合顺应。另一方面，人生贵在发展自我，成就自我，我们不必为了讨好别人而哗众取宠，或者趋炎附势。做人不能没有自己，也不能只有自己。一个人要能安身立命,不必与志不同、道不合的人,沆瀣一气、同流合污。

阅读省思:

1. 你是很容易与别人和谐相处的人吗?

2. 你有宏大的志向和高远的目标吗?

爱拼才会赢

成功不是一蹴而就

爱迪生说:“成功是一分的天才,九十九分的努力。”庄子庖丁解牛的故事,一般人看到庖丁向文惠君解说他宰杀牛的经验,都会被其高超的手艺震撼到。庄子借庖丁解牛谈养生的道理,贵能“依乎天理”“因其固然”。庖丁是顺着牛的肢体肌理,精细小心地割解,而不像一般屠夫拿着大刀又砍、又剁。不过,在庖丁解牛的故事中,另一个令人启发的地方是他累积了 19 年的经验,从最早宰牛杀牛的时候,眼睛见到的是整只的牛,到 3 年之后,只看到牛的肌理筋骨,再到后来只凭精神和牛接触,而不用眼睛去看,一心一意,专注在手中解剖的牛体,不敢稍有大意。等到大功告成,才松口气,表现出很有成就的满足。古今中外所有成功的企业家,没有一个人不是非常专注、非常打拼的。

庄子《达生》篇,梓庆削木为鐻(一种乐器),做成之后,见到的人都惊叹不已,认为像是鬼斧神工,精美极了。鲁侯问他为什么能达到这样的水平，梓庆回答说，他先要斋戒三日，不敢存心做好之后能得到什么奖励；斋戒五日，不计较别人的赞美或批评；斋戒七日，忘了自己生命形体的存在。以天合天，以自然合于自然，到了山林里，就能找到最适合的木材，经过打造完成，就能成为完美的作品。所谓斋戒三日、五日、七日，都是指努力修炼的功夫，不是一蹴而就。

顺应自然，不表示不要有作为

庄子主张顺应自然，顺应自然不表示不要有作为，该有作为的时候要有作为，不必有作为的时候才不要有作为。有些人误解老子"无为"的思想，以为"无为"是一种无作为，什么事都不要做。其实，"无为"是不刻意作为，顺应自然，该怎么样就怎么样，不该怎么样就不要怎么样。人生难免一死，我们不能因此而坐以待毙，正因为人生有限，我们更应该珍惜所有，努力以赴。

《大学》曰："天命之谓性，率性之谓道，修道之谓教。"有一名学生说他很率性，问他怎么率性。他说他想吃就吃，不想吃就不吃；想睡就睡，不想睡就不睡。很多年轻朋友中流行一句口头禅："只要我喜欢，有什么不可以?"当然不可以，人不是只做想做的事，而是要做该做的事。想做的事,未必是该做的事;该做的事,也未必是想做的事。所以,做人是很辛苦的,任性容易,忍性难。做人的成败,在能忍不能忍而已,有些人因为逞一时快意而遗憾终生,飙车、酗酒、逞强斗狠,都是不能忍、没有度的结果。

成功是拼出来的

没有天生的赢家,想成功的人才能成功,不想成功的人,缺少努力的动力,便很难成功。当然,不是想成功就能成功,成功不是用想的,也不是用说的,而是要身体力行。我们一般人的毛病,总是想得多、说得多,而做得少。如何才能成功,很多人都明白道理,却不肯下苦功夫。

天下没有不劳而获的事,一分耕耘,一分收获。任何一件事情的成功,就像进行一项工程,一项工程需要一百天才能完成,做九十九天和做一天,都是失败者。一口井不管挖多深,在还没有挖到水之前,都是一口废井。我们对任何理想的追求,不做则已,要做就要做成功,不要半途而废。

在追求成功的过程中,遇到困难与挫折是难免的。出门过马路,没有不遇到红灯的,行走的路越长,遇到红灯的机会就越多。

人生的理想越高远,遇到挫折、挑战的机会就越多。

所有的失败,都是通往成功的必经之路。不经一事,不长一智,成功的人不是没有失败,而是能够从失败的经验中,吸取教训,研究、改进,终于获得成功。所有成功的人,都是在面对挫折的时候,屡败屡战,越挫越勇。当爬起来的次数,比跌倒的次数多一次,就是成功的时候。

苦难是一所学校,只有意志坚强的人才能毕业。人生的道路,不会一直是平坦的,人生有得意的时候,有失意的时候,就像潮水的起落,这是很正常的。苦难使生命深邃,庄子因为家境贫困,所以激励他对生命深刻的体认。俗话说:"不经一番寒彻骨,怎得梅花扑鼻香?"没有经过寒冷的冬天,怎么看得见春天的美景?天黑到最黑就会开始亮,很多人不是没有成功的机会,而是等不到成功的契机就放弃努力。

皇天不负苦心人

皇天不负苦心人,小努力,小成功,大努力,大成功,不努力当然不会成功。只要有明确的目标,周详的计划,持续的努力,坚定的信心,一定会赢得成功。成功是留给准备好的人。

庄子人穷而志不穷，他个性豪放旷达，但是贫困的生活，必然有很多时候不能称心如意。可贵的是庄子并没有灰心丧气，自暴自弃，而是以丰厚的学问，敏锐的智慧，浪漫的情怀，创作出汪洋恣肆、雄奇奔放的伟大作品，成为世人成功的典范。

阅读省思：

1. 面对人生的苦难，你愿意拼命一搏吗？

2. 你是如何看待人生的挑战的？

朝三暮四不能成事

人生的痛苦往往因为强分彼此

庄子有齐物的思想，他认为天地万物本来就是一体，不必强分彼此，徒增纷扰。《齐物论》篇说："天地与我并生，而万物与我合一。"人生的痛苦，往往因为强分彼此，自我设限。从物的现象来看，当然是秋毫为小，泰山为大，殇子为夭，彭祖为寿，但从物的本体来看，并没有大小、寿夭的问题，我们常常惑于名而忘其实。庄子曾经讲过一个故事，宋国有一个养猴的人，他养了一大群猴，有一天，因为家里缺粮，他没有办法提供更多的粮食给猴子吃，就跟猴子商量说：每只猴子上午给三颗橡实，下午给四颗橡实，好不好？众猴听了很生气，为什么早上有三颗，下午只剩四颗？养猴子的人改口说：那么，改为早上四颗，下午三颗，怎么样？众猴听了很高兴。其实，不管是早上三颗、下午四颗，还是早上四颗、下午三颗，一天都是七颗，并没有不同，但猴子看不清事物的本质，只看到形式的不同，前者为怒，后者为喜。

庄子讲这个故事,本来是为了说明世间的各种差别相,是因为人去追求事物的表象,并没有探究事物的本质,因而造成许多的困惑。庄子从道的观点来看,天地万物无不均齐,所谓大小之殊、寿夭之异、贵贱之别,都只是比较而得,不是绝对的事实,而所谓的是非、善恶、祸福,都没有定论。

不过,"朝三暮四"这个成语,后来与"朝秦暮楚"混淆,意思改变了,成为见异思迁、反复无常的意思。朝秦暮楚,是指战国时代,秦、楚两大强国对立,一些弱小的国家,一会儿倒向秦国,一会儿倒向楚国,没有自己坚定的立场。

用志不分,乃凝于神

"朝三暮四"这个成语,现在最被常用的意思,是指三心二意,做任何事情,不能专心致志。庄子谈做人做事的道理,主张"用志不分,乃凝于神"。驼背的老人用竹竿捕捉蝉时,天地那么大,万物那么多,他只全神贯注在蝉翼上面,不会因为旁物而分散他的注意力,他是如此的专注,所以绝不会失手。

工倕,是尧帝时代的一名巧匠,他画方圆的技术,已经到了出神入化的地步。相传他用手画方圆,技艺超过用圆规和矩尺,手指和所用的工具化合为一,不必用心再去衡量。何以能够如此呢?庄子说他是:“灵台一而不桎。”内心专一,而不受拘束。庄子说:一个人忘记脚的存在,鞋子就舒适多了;忘了腰,带子就舒适多了。专心在鞋子上,就忘了脚的存在,就不会觉得鞋子会不会磨脚;专心在带子上,就忘了腰的存在,就不会分心带子是不是太紧,是不是会使腰不舒服。

庄子“庖丁解牛”的故事,不只强调养生在顺应,庖丁在解牛之际,专心致志、心无旁骛,“以神遇而不以目视”“官知止而神欲行”,就是形容庖丁专心致志,才能把解牛的动作做得完美无缺,像完成一件艺术品一样。

王建民是棒球投球好手,被美国洋基队网罗为主力投手,在大联盟的比赛中,他常有杰出的表现。他自述自己的成功,就是努力投好每一颗球,每次的比赛,他都是第一个到球场练习,专注是他成功的标记。

清代著名书画家郑燮《竹石》诗云:“咬定青山不放松,立根原在破岩中。千磨万击还坚劲,任尔东西南北风。”寓意深远。竹子终年常绿,坚劲刚强,不畏寒冬,松、竹、梅,号“岁寒三友”。竹子立根在破裂的岩石之中,不畏狂风暴雨的侵袭,千磨万击,一直保持昂然挺立的风格,象征传统文人的高尚情操,不畏威胁,不受利诱,“富贵不能淫,贫贱不能移,威武不能屈”。

人生的道路经常是崎岖坎坷

人生的道路,经常是崎岖坎坷,寸步难行,如果没有坚定的决心与坚韧的毅力,往往会误入歧途,后悔不已。古今中外的成功人士,都有一个共同的人格特质,就是具有果断的魄力,做人做事绝对不会三心二意、优柔寡断。为了追求宏伟的目标,不畏任何的挫折和挑战,坚持到底,不达目标,永不放弃。

性格决定命运

性格决定命运,一个没有决断力的人,凡事犹豫不决,而且往往脚踩多条船,什么都想要,不能专心追求一个目标,结果什么都得不到。

人生的演出,都是现场实况转播,而不是一再NG。一个轻易改变的人,不会是成功的人,因为改变第一次,就会改变第二次;改变第二次,就会改变第三次。没有任何事是可以一再改变而成功的,何况我们在处理事情的时候,是没有机会一改再改的。

“不经一事,不长一智。”我们不要怕失败,而要怕不能从失败中吸取教训。天下没有十全十美的事,做任何事都很难一次到位,一次就能成功,成功的人不是没有失败的经验,而是能够屡败屡战,越挫越勇。

我们常常处在两难之间,凡事有利就有弊,我们要谨慎判断,周密分析,利取其大者,害取其小者,才能得到最好的结果。

当断不断,反受其乱。果断的能力,来自敏锐的观察和判断,也来自强烈的决心与毅力,最重要的是心要有所主,心要拿定主意。心有所主则不惑,心有所主才有定向、定力。凡事不要三心二意、反复无常、见异思迁,因为不知取舍、进退,朝三暮四的人,难能成事。

阅读省思:

1. 你做事常会拿不定主意吗?

2. 你处理事情时,有冷静思考的习惯吗?

成功靠持续的努力

人生有梦最美

人生有梦最美，但人生不能只是做梦而已。我们要逐梦、圆梦，就要脚踏实地，一步一个脚印，实实在在，努力进取，理想没有实现之前，绝不轻言放弃。很多人没有成功，不是没有能力而是没有努力，不是没有努力而是没有尽力；很多人没有成功，不是没有成功的机会，而是等不到成功的契机，就放弃努力。人生像一场马拉松赛跑，不是看谁第一个冲出去，而是看谁第一个跑到终点。我们不仅不能输在起跑线上，更要能赢得终点。

《诗经》云："靡不有初，鲜克有终。"一般人做事情，一开始都是兴致勃勃，充满热情与希望，但是只有三分钟热度，一遇到困难、挫折，就灰心丧气，一遇到新的目标，就三心二意，转移心志。阿里巴巴网站的创始人马云，在一场演讲中说："对所有创业的人而言，今天很残酷，明天也很残酷，而后天很美好。但是大部分的人死在明天晚上。"坚持是成功的不二法门，人生的道路，就像玩梭哈，谁先放弃,谁先失败。

庄子的寓言,常以小人物为题材,而寓意深远,富于启发。《达生》篇中记载,有一天,孔子到楚国,经过一片树林,看见一位弯着腰、驼着背的老人正在黏捉树上的蝉,手到之处,信手拈来,就像在地上捡东西一样利落。孔子很好奇地问老人,有什么秘诀才可以如此快速地捕捉到蝉。老人回答说:我的秘诀,就是五、六月捕蝉之前,先要经过不间断的练习,在竹竿上放两颗弹珠而不会掉落,捕捉蝉只就很少失手;在竹竿上放三颗弹珠而不会掉落,捕捉蝉只失手的机会只有十分之一;在竹竿上放五颗弹珠而不会掉落,捕捉蝉只就会像在地上捡东西一样轻而易举。孔子听完之后,回头对学生说:"用心专一而不分散,表现出来有如神明的作为,说的就是像这位弯腰驼背的老人一样。"

成功之道,专注与勤快

凡百事业,成功之道只有两个条件,一个是专注,一个是勤快。"一勤天下无难事",大家都知道勤快的重要性。专注于学习、专注于工作,也是非常重要的。孟子曾经讲过一个故事:有两个人同时向下棋高手奕秋学下棋。其中一个人专心致志,努力学习;另一个人却心有旁骛,人在屋里,心则飞到屋外,心里想着外面有一只鸿鹄飞过来,想用箭把它射下来。前者专心学习,所以精通奕秋的棋艺;后者用心不专,胡思乱想,所以学而不精。孟子深有感触地说:"后者没有学到棋艺,不是因为资质笨,而是不够专心。"

庄子《知北游》篇讲过一则寓言:有一位在大司马家里制作腰带带钩的人,已经八十几岁了,所做的带钩,没有丝毫差错,非常精美。大司马问他制作带钩的诀窍。老人回答说:我从二十岁就喜欢制作带钩,六十多年来我只专心制作带钩,对别的东西都没有兴趣,都不去关心,就这样一心一意,苦心修炼,所以才有今天的成就。

俗话说:"男怕入错行,女怕嫁错郎。"有些年轻人选择工作的时候,做一行,怨一行,结果是一事无成,然后抱怨时运不济,老天不公平。进大学选读科系,应该以自己的兴趣为首要条件,而不是看热门或冷门。我们对自己有兴趣的事,再苦都不会觉得累;对自己没有兴趣的事,即使轻松也会很厌烦。

行行出状元

行行出状元。在庄子的心目中,成功的定义,不是看谁的地位高、谁有钱、谁漂亮。惠施当了梁国的宰相，却怕庄子抢夺他的地位。庄子很不屑，除了自比为鹓雏，“非梧桐不止，非练实不食，非醴泉不饮”，还把梁国宰相的地位，比喻为乌鸦口中的腐鼠。曹商从宋国到秦国游说，得到秦王很多赏赐，骄矜自得。庄子嘲讽他是为秦王做了一些卑微舔痔的工作，才得到那些财富。毛嫱、西施是人间美女，如果西施不洁，也一样令人嫌恶。至于庖丁解牛、驼背老人捉蝉、八十岁老人制作带钩、梓庆为鲁侯制作乐器等，这些人都不是有很高身份的人，却都得到君王的器重、礼遇。

豪宅、轿车、学位、高薪，是很多人的梦想。对这些梦想的追求，不是一朝一夕就能美梦成真的。我们常常想做一些事，甚至想大有作为，却迟迟没有付诸行动，想得到而做不到，一蹉跎，几年、几十年过去了。岁月不饶人，一天天、一月月，时光说没就没了。岁月不停留，时光不倒流，多少青春壮志，将空留一头白发，以及无限的惆怅与感叹。

后生可畏

孔子说：“后生可畏，焉知来者之不如今也？四十、五十而无闻焉，斯亦不足畏也已。”年轻人的潜力是无穷的，但是如果少壮不努力，老大就会徒伤悲。

有一位成功的企业家说："所谓成功，从昨天晚上开始。昨天晚上，别人已经睡觉，我还在工作；今天早上，别人还在睡觉，我已经起来工作。我不是因为运气好，而是比别人更努力。"付出越多，成就就会越大。

老庄的思想，主张自然无为，无为并不是一无作为，而是不刻意作为。大鹏鸟要飞到九万里的高空，才能向南飞，不像一般的小鸟，爱怎么飞，就怎么飞，飞不高、飞不远。庄子《逍遥游》篇中强调，想要到郊外游玩，只准备三餐的粮食，当天回来，肚子还是饱饱的；想要到百里远的地方办事，要提前一天准备粮食；想要到千里远的地方旅行，就要准备三个月的粮食。所求者大，所要付出的努力就多。天下没有免费的午餐，成功要靠持续的努力。

阅读省思：

1. 你愿意为实现理想而努力不懈吗？

2. 当你遇到挫折和困难的时候，你能越挫越勇吗？

智慧是修来的

人生最难的是抗拒诱惑

人生最难的是抗拒诱惑。老子说:“五色令人目盲,五音令人耳聋,五味令人口爽,驰骋田猎令人心发狂,难得之货令人行妨。”时代在快速发展,各种五光十色的产品,令人眼花缭乱;各种珍奇创新的美味,令人百尝不厌。人类的文明越进步,形形色色的诱惑,就越是争奇斗艳。一个人一辈子辛苦,奔波劳碌,不就是为了多一些物质享受吗?适度的物质享受,并不是坏事,但是过度的奢华淫逸,不只是财物的损失,反而可能伤害身心。

人生最困难的是选择。人生有太多的时候要面对选择。小至每天起床穿什么衣服,吃什么早餐、午餐,每天都有一些事情想做、该做,哪些事情要先做,哪些事情可以缓一些时间再做,都要颇费思量,伤一些脑筋。至于选择学校、选择科系、选择工作、选择婚姻对象、选择投资理财……更是令人烦心。“物有本末,事有终始,知所先后,则近道矣!”怎样分辨物的本末精粗,事的缓急先后,是要很有智慧的。

人生最重要的事,就是要有自知之明。知道自己有什么,没有什么;要什么,不要什么;该要什么,不该要什么。一味地盲目追求,不知道自制,就会跌得鼻青脸肿,伤痕累累。如果人生只剩下最后的选择,你会选择什么?如果人生必须放弃一些需求,你先要放弃的又是什么呢?如果明天是世界末日,你今天会做什么?如果生命没有明天了,你今天会怎么过呢?

庄子追求人生之美

庄子的人生之美,不是物质上的富足,而是心灵上的自由。庄子在音乐、绘画、文学等方面,都主张自然之美。

在音乐方面,庄子认为最好听的音乐是“天乐”“天籁”。庄子常将道称为天,所以与道相合的音乐,称为天乐;天籁是指不依靠人力,不依凭外物的作用,由大自然产生的美妙声音。

在绘画方面,庄子强调率真自然。庄子认为,用笔墨画出来的画,都有一定的局限性,不如自然来得完美。《田子方》篇中,宋元君找人画画,许多画师受命而来,全部毕恭毕敬地润笔调墨。只有一位迟到的画师,不疾不徐地走到他的画室,脱下衣服,裸体箕踞而坐。因为他能从容自得，自然而然地从事他的画作，所以宋元君认为他才是真正善画的人。

在文学创作上，庄子也是主张任真、自然。庄子认为，自然的妙理是不能用语言、文字完全表达出来的。《知北游》篇中，“知”以“何思何虑则知道”“何处何服则安道”“何从何道则得道”三个问题，问“无为谓”“狂屈”“皇帝”。“无为谓”三问而不答，非不答，不知答也；“狂屈”是“中欲言而忘其所欲言”，心里想要说而忘了要怎么说；“皇帝”则答：“无思无虑始知道，无处无服始安道，无从无道始得道。”“知”认为“皇帝”是真知，而庄子则假借“皇帝”之口，提醒世人：“无为谓”才是真知，他以行动真正做到了无；“狂屈”也不错，想说而未说；至于“知”和“皇帝”都沉不住气，说了出来，所以“终不近”。道是无法用言语表达清楚的，“知者不言，言者不知，故圣人行不言之教。言以传道，而道不可传”。捕鱼的笼子是用来抓鱼的，抓到鱼，捕鱼的笼子就没用了；捕兔子的笼子是用来抓兔子的，抓到兔子，捕兔子的笼子就可以丢掉。语言是为了传达意思，意思知道了，就不必记住说什么话。道只能用心去体会，一落言筌，便丧失其真。

人生至境

庄子的人生至境，是自由自在地翱翔飞舞。我们要如何才能达到这样的人生境界呢？庄子提出“心斋”与“坐忘”两个法门。什么是心斋？心斋是指人心的斋戒。人生的困苦，往往来自心知的痴迷，修持心灵的清明，人心才不会迷失方向，才不会执迷不悟。孔子告诉颜渊，不要用耳朵听，要用心听；不要用心听，要用气听。耳朵所听、心知所想，都是有限的，只有用气去听，才能接纳无限。气是心境空虚的形容，大道存于空虚之中，只有用空虚的心境才能体悟道的存在。

心斋是虚而待物，坐忘是同于大通。庄子强调坐忘的功夫，堕肢体，就没有形体的痛苦；忘记了心知，就没有心知的困惑。没有形体的痛苦，也没有心知的困惑，那就是人生的至乐。

放下，是人生的必修课程。懂得放下，才能摆脱烦恼，解开心灵的禁锢；懂得放下，才能丰富生命，充实生命的价值。人生得意的、失意的，快乐的、不快乐的，喜欢的、不喜欢的，全部都要放下。放下是一种修养，放下是一种智慧。我们不想放下，所以我们放不下；我们没有决心放下，所以我们放不下。摆脱噩梦的纠缠，唯一的方法就是醒来；摆脱烦恼的痛苦，唯一的方法就是放下。放下不是天生的本事,而是一种学习而得的能力。

快乐来自一颗自由的心灵

快乐来自一颗自由的心灵,如果我们没有大聪明、大智慧,不知道生命的本质是什么,人活着的意义与价值是什么,我们就没有办法活得快乐、自由。

庄子提示的得道之人,庖丁解牛已经到了出神入化的境界,那是他累积十九年的功夫;佝偻者捕捉蝉只,手到擒来,那是因为他经过不断练习,在竹竿上放两个弹丸、三个弹丸、五个弹丸,都不会掉下来,才能像在地上捡东西一样熟练地捕捉蝉只。还有津人操舟、纪渻子为王养斗鸡、吕梁丈人游水等等的神乎其技,全是努力修炼的功夫,不是天生的才能。

阅读省思:

1. 你肯为实现理想而全力以赴吗?

2. 你常会沉静下来修炼自己的心志吗?

快乐是人生第一要义

追求幸福快乐的生活，是每个人的愿望。我们一睁开眼睛，从早忙到晚，汲汲以求的，就是希望过着平平安安、顺顺当当、幸福快乐的生活。可是很遗憾，很多人不知道什么是真正的快乐，也不知道怎样才能得到真正的快乐。

内心的安定是人生真正的财富

人类的生活分物质生活、精神生活两大主体。吃饱喝足是人类物质生活的基本需求，但是人类的生活，不只是追求吃饱喝足而已，还要进一步满足安乐，甚至希望拥有更多的财富、更好的名声。其实，真正的财富，并不是看得见的金钱、地位，而是内在生命的满足宽厚、愉悦舒适。名与利的追求，是可得可不得，不是有求必得，更不是得而不失，一颗安定的心、满足的心、感恩的心、宽厚的心，才是人生最珍贵的财富。一个仰不愧于天、俯不怍于人的人，顶天立地，气象干云，是天下最富足、最尊贵的人。

快乐不假外求

孔子说:“仁远乎哉? 我欲仁,斯仁至矣!”快乐也是如此。快乐之道,不假外求。有一首佛家的偈语:“尽日寻春不见春,芒鞋踏遍陇头云。归来笑拈梅花嗅,春在枝头已十分。”快乐是内心的自足,快乐是对自我价值的肯定。“眉在眼前常不见,道非身外更何求?”有些人费心向外寻求快乐,结果是愈走愈远,不只是舍近求远、舍易求难,而且是舍本逐末、本末倒置。快乐不是对外物的追求,功名富贵并不能给人带来真正的快乐。“眼看他起朱楼,眼看他宴宾客,眼看他楼塌了。”有人一夜之间成为亿万富翁,也有人一夕之间倾家荡产,名利如海水,起起伏伏。

孟子说:“欲贵者,人之同心也。人人有贵于已者,弗思耳! 人之所贵者,非良贵也,赵孟之所贵,赵孟能贱之。”别人可以请你当总经理,也可以不请你当总经理,能不能当总经理,不完全是自己能掌握、决定的。把快乐的权利建立在别人身上,是危险而又不确定的。

不满足是痛苦的根源

人生有三大困境,一方面是形体的有限,生、老、病、死,是人生无可奈何的结局。另一方面,人不是独立存在的个体,在日益纷杂的群体社会中,人际关系十分复杂纠葛,各种利益的冲突,往往会产生误会、猜忌、权谋、攻讦、倾轧,以及是非、得失的争议,造成人与人之间、国与国之间产生敌意,甚至发生冲突、战争。当然,人自身对欲望的追逐,也是痛苦的来源之一,永无止境的贪求,使人疲于奔命,甚至牺牲健康、性命。各种疾病的产生,都源于个人欲望追求的不知节制。

庄子的家境很贫困,可是他能够淡泊名利,“不汲汲于富贵,不戚戚于贫贱”。庄子不是没有机会做大官,楚王曾经派两名臣子带着厚礼,要聘请庄子到楚国执政,但是庄子个性爱好自由,不愿意受束缚,就婉言拒绝了。

庄子一生最大的成就,是他把生命的理想,寄托在逍遥游的世界。尽管在现实生活中,庄子穷得没有米下锅,要向监河侯告贷,以致被消遣一番,但是庄子很有骨气。对于骄傲自大的曹商,庄子不假辞色,严厉嘲讽;对于生怕被抢走相位的惠施,庄子自视甚高,自比鹓雏。庄子是位旷达不羁的名士,他能够把他的生命、生活,从现实之中超越、提升出来,他不像一般世俗的人,被生死、荣辱、得失、祸福等观念羁绊、困惑,他知命、安命,而且立命,给自己建构了一套理想的生命哲学，顺应天地万物的本性，与自然结为一体。

庄子豁达开朗的性格，使得他的文字充满谐趣。我们从中既可以得到生命哲理的启发，也可以得到人生的乐趣。庄子的文章，有许多刻意夸张或扭曲的意象，造成令人可笑、滑稽的感觉。滑稽起于我们期待会有紧张的事情要发生，结果发现只是过分的想法。庄子的文章十分幽默，散播着许多的快乐。

人生充满烦恼与痛苦，我们怎样才不会坐困愁城呢？苦中求乐，让人生充满快乐，是很重要的。很多人认为我们中国人太严肃，把生命看得太严重，所以很不快乐。庄子懂得幽默，懂得游戏人生。庄子的幽默，表现在生活上，就是调侃各种与世俗有关的人生荒谬。人生常常充斥着冲突与矛盾，有求成之毁，有不虞之誉。在遇到挫折和失败的时候，要有一颗豁达的心，包容与接纳人生的许多不公平、不如意，以宽恕代替怨怼，以开朗代替烦闷，以欢乐代替愁苦。

幽默是生命的养料

幽默是生命的养料，幽默是人生最好的美容品、最好的补品，就像美食佳肴不能缺少调料，在紧张忙乱的生活里，或是在单调乏味的工作中,幽默是最好的调剂,美好的人生也不能缺少幽默。人生是计较不完的,人生也没有什么好计较的,面对苦难的人生,哈哈一笑,不就全过去了吗?

说话是生活的美学,“良言一句三冬暖,恶语伤人六月寒”。有人以诋毁、批评、责难别人为乐,庄子的文章,虽然充满嬉笑怒骂,却不失温柔敦厚,并不是以损人为目的,而是言之者无罪,闻之者足戒。我们读到朝三暮四、浑沌开窍,一方面嘲笑猿猴倏、忽的无知,一方面却自省是否会有同样的错误。

快乐是人生第一要义,面对人生的许多烦苦,我们要学习庄子超拔、脱俗的精神,转悲为喜,化苦为乐,不要自己绑住自己,困住自己。很多人抓着痛苦不放,然后叫痛,这些都是不可取的。

阅读省思:

1. 你会抓着痛苦不放,然后叫痛吗?

2. 面对苦难的人生,你是如何追求快乐真谛的呢?

快乐之道在于能放、能忘

做人在于想得开、想不开而已

做人在于想得开、想不开而已,想得开就快乐,想不开就烦恼。执着是痛苦的根源,把偏执放下,快乐就在眼前。庄子是一位旷代的思想家,也可以说是一位伟大的教育家。孔子晚年专心于学术的研究和教学的工作,与弟子讲学洙、泗之间,有学生三千多人,身通六艺的有七十二人。庄子也有一些学生跟在他身边,《山木》篇中,庄子行于山中,有树大而无一定的用途,而免于被砍伐;主人家中的两只雁,一只会叫,一只不会叫,不会叫的雁被杀。弟子就问庄子如何自处,庄子说要自处于材与不材之间。庄子是历代中国人的心灵导师,他的思想,深入影响了每一个中国人。庄子的思想最精彩的地方,是他善于运用很多有趣味的故事,阐述人生的哲理。尽管每个人的生活方式不同、生活条件迥异,每个人遇到的人生难题也都不一样,但是没有谁没有困惑、没有烦恼、没有痛苦。

庄子精辟的言论,有如醍醐灌顶,常常"一语惊醒梦中人"。

幸福快乐的人生,是人人都期盼的,活着是为了得到快乐,可是很多人活得很不开心。天下没有比自己快乐更重要的事,然而,大部分人却不知道如何才能得到快乐,甚至背道而驰,想得到快乐,但是所作所为则让自己很痛苦。

快乐是自己寻找的

快乐是自己寻找的。豁达开朗的性格,是一个人家庭与事业成功的关键,没有一个自己不快乐而能使别人快乐的人。庄子的人生理想,就是要能够超脱充满悲苦的现实世界,而逍遥于无限宽广的精神领域,乘御天地万物的自然变化,与万化冥合。我们要如何才能达到这样的人生境界呢?庄子主张"一死生""齐万物""混善恶""泯是非",要做到"心斋""坐忘",学习"至人无己""神人无功""圣人无名",把一切的名利、得失、祸福、生死的概念,全部放下、忘掉,然后就能超然远引,与大道通。

孔子周游列国,到了卫国匡城。匡人误以为他是阳虎(曾伤害过匡人),就把孔子一行围困了好几天。孔子被困的时候,仍然弹琴歌唱。子路问孔子为什么被困还这么开心。孔子回答说:水行不怕蛟龙,这是渔夫的勇气;陆行不怕兕虎 ,这是猎人的勇气;雪白的刀刃交叉在眼前,把死亡看作像生存一样的平常,这是烈士的勇气;知道不得志是命运,知道显达是时机,临大难而不恐惧,这是圣人的勇气。孔子已经通达天命,所以不会心存畏惧,还开心地弹琴唱歌。果然没多久,匡人知道孔子不是阳虎,就解除了围困。

古代的真人顺天应人

古代的真人顺天应人。《大宗师》篇里,庄子指出真人的修养是不违逆失败、不追求成功,不计是非,错过时机而不后悔,行事得当也不觉快乐。能够做到这样,就会登高不战栗,下水不觉湿,入火不觉热,睡觉不做梦,醒时无忧无虑。庄子又说,古代的真人,不知道悦生,不知道恶死,活者的时候不会很开心,死的时候也不难过。忽然来了,忽然去了,看待死生不过如此罢了。总之,庄子心目中的古代真人,能够顺应事物的变化,随遇而安,不忮不求,老天给予怎样的安排,就怎样接受。

快乐是一种心境

快乐是一种心境,懂得不要求的人,才是快乐的人。我们要享受快乐的人生,先要培养宽厚的气度。快乐的人不是没有失意的事,而是能够不以失意为失意。快乐的动力,来自内心的意愿,本性无苦无乐。苦乐都是自找的,要快乐就快乐,不想痛苦就会不痛苦。只要你相信,只要你愿意,只要你坚持就行。

快乐不假外求,快乐只是内心的自得自足。放下就是快乐,平安就是幸福。面对烦恼,放下是唯一的选择,放下不是放弃,放下是指搁置会伤害我们身心健康的负面情绪或人、事、物。科学证明,人类很多疾病都是心理不健康引起的,情绪紧张、忧郁、焦虑、愤怒,都可能会引起内分泌失调、消化系统不良、肠胃病、高血压、心脏病等。

布袋和尚诗云:“布袋,布袋,放下布袋,何等自在?”布袋象征人生的包袱、责任、压力。人生有很多的包袱,当然非常沉重,放下包袱,才能轻松前行。心有千千结,窗外有蓝天。放空自己,接纳一切。抚平伤痛最好的方法是原谅和遗忘。人生所有快乐的事和痛苦的事都会过去,让我们全部忘记,像庄子一样忘记得失、祸福、生死,“离形去知,同于大通”,欢唱生命之歌。

阅读省思:

1. 你很在意别人对你的看法吗?

2. 你常会自己困住自己,有解不开的心结吗?

快乐做自己

材与不材之间

庄子《山木》篇中,有一则非常耐人寻味的故事。有一天,庄子带领弟子上山访友,看见一棵大树,枝叶非常茂密,可是砍树的人却不屑一顾,因为这是一棵没有用的树,不能作为建材、木料。这棵树因为没有用,所以没被砍伐,而得以终其天年。庄子到了朋友家,朋友非常热情,叫童子杀雁款待。童子说家里有两只雁,一只会叫,一只不会叫,问杀哪一只。主人说:杀不会叫的那一只。第二天下山之后,弟子问庄子,山中的树,因为没有用,才能够终其天年;主人家中的雁,因为不会叫而被宰杀。如果是老师,您将如何自处。庄子笑着说:我要处在材与不材之间。

这是一个很有趣的故事,天下事往往是两难的问题。庄子的回答非常机智,非常巧妙。一般人回答是非题,总是纠结于对与不对,执着于材与不材的问题,所以材也死(山中有用之木),不材也死(不能鸣叫的雁);材也生(能鸣叫之雁),不材也生(山中无用之木）。庄子超越了材与不材的问题，该有材的时候就表现有材，该不材的时候就表现不材。

人生的困惑，往往是因为选择太多。我们常常刻意学别人，结果迷失了自己。邯郸学步，最后连走路都不会。庄子《天运》篇中记载，春秋时代，有个美女西施，常有心脏疼痛的病。有一天，她双手捂着胸口、皱着眉头在村子里走着。村人见她这模样，便认为西施更娇美。村子里有个丑女，名叫东施，也学西施的模样。结果人们见了，吓得纷纷逃走。

做独一无二的自己

《曾国藩家训》中说："凡大家名家之作，必有一种面貌、一种神态，与他人迥然不同。"不只作文如此，一切事业的成功，都要有自己的版本。企业家郭台铭先生之所以成功，是因为他不去模仿王永庆，不去模仿张忠谋，他做他自己，走他自己的路。如果郭台铭先生一味模仿别的成功企业家，那就不会有今天的他了。

所谓的成功，是每个生命的自我完成，不是每个人都要身居要职才叫成功。每个人的禀赋不同，资质条件不同。不适合当医生、律师的人，勉强要去当医生、律师，是不会成功的；即使勉强当了医生、律师,也很难成为成功的医生、律师。

在这个世界上,每个人都是独一无二的。很多人不愿意正视自己,以为自己是张三,是李四,是有钱有势的达官贵人,是美若天仙的才女佳人。一个人,只有勇敢承认自己是谁,才有机会走出自己的康庄大道。

人生最重要的是活得很开心,临死的时候,能快乐多一点,遗憾少一点。怎么样才能活得很开心呢?简单地说,就是生存有尊严,生活有质量,生命有价值。人活着的时候,要让别人看得起;生活不一定很富裕,却能过得很有质量。最为重要的是做人要有价值。一个人对别人有价值,就是他生命的价值。一个对社会有越多贡献的人,是越有价值的人。我们要以知识改善生活,以智能安顿生命,以服务成就人生。

养生贵在顺应自然

庄子的养生,贵在顺应自然。《养生主》篇中,庄子借庖丁解牛的故事,说明养生的道理,在于"依乎天理""因其固然"。教育的原理,也在于因材施教。每一位儿童、青少年,都像一棵树苗,家长与老师就像是树苗旁边的木条,扶持树苗不要长歪、长偏,等到树苗已经定型后,就要把木条去掉,让树干自由生长。教育的功能,不能使葡萄树变成樱桃树,果农的努力,只能使葡萄树减少虫害,使果实更加丰硕甜美。

教育是人生的美化,教育是文化的传承,教育是真理的探索,教育是智慧的启迪,教育是人才的培养。人的一生,最重要的是快乐做自己,教育的目的,就是如何透过他律与自律,培养一个人格健全,热情、开朗、有能力、有信心、乐于助人的人。

有一位妈妈向慈济证严上人诉苦,说她儿子书念不好。证严上人说:"书念不好没关系,乖就好。"孩子的妈妈说:"也不乖。"上人说:"不乖没关系,健康就好。"妈妈说:"也不健康,常生病。"上人最后的回答是"活着就好"。

"金无足赤,人无完人"

"金无足赤,人无完人。"我们常常要求太多,所以很烦恼、很痛苦。我们要学会舍得、放下,放下并不是什么都要放下,是要放下奢望,不是放下希望;是放下贪求,不是放下需求。得到需要的东西,不叫贪;得到不需要的东西,才叫贪。我们学习庄子的思想,不是真的要"乘天地之正,御六气之辩""不食五谷,吸风饮露"。而是实实在在、平平凡凡做一个人。

平实是本分,平淡是智慧,平凡是福气。麦克阿瑟给他孩子的信上说:“真正的伟大是单纯,真正的智慧是坦率,真正的力量是温和。”小时候快乐很简单,长大以后,简单就是快乐。一颗快乐的心,就是一颗富足的心。我们能够保持思想简单、情感简单、生活简单,就能很快乐。

阅读省思:

1. 你如何看待自己的生命价值?

2. 庖丁解牛的故事,跟养生有什么关系?

我很丑但是我很温柔

天下事有得有失

老天很公平,给人一些长处,也给人一些短处,老天不会把所有长处给一个人,而把所有的短处给另一个人。有钱的人不一定健康,健康的人不一定有钱;漂亮的人不一定温柔,温柔的人不一定漂亮。天下事有得有失,我们都有一些好,一些不好,一个人不会又聪明、又漂亮、又有钱、又健康,人生应是九全九美加一个不全不美。

很少会有人觉得自己太聪明、太漂亮、太有钱、太健康,多半的人会对自己的身材不满意,太矮、太高、太胖、太瘦,多半的人会抱怨自己运气不好、能力不足、条件不够。其实,比上不足,比下有余。一个个子很矮的人,还有人比他更矮;个子高的人,还有人比他更高。一个人失掉一些,并不表示失去所有;一个人拥有不多,并不是一无所有。有一个身高只有一米六的成功人士,他曾经在演讲中说:每天梦想有一米八的身高是没有意义的,唯一能做的事,是如何在一米六的身高下,尽其所能。

美丑是相对的

庄子《齐物论》篇中,提到毛嫱、丽姬是人间的美女,但是游鱼、鸟兽见了,纷纷被吓走。另外,厉是古代的丑女,西施是古代的美女,而从道德观来看,并没有区分,因为万物的本质是相同的,都是气的流行。美的东西是气的流行,丑的东西也是气的流行,通天下一气,腐朽可以变神奇,神奇也可以变腐朽。

美与丑是相对的,不是绝对的,我们一定要强分彼此,只是增加烦恼和痛苦而已。美丑只是形貌的不同,内在德行的好坏才重要,内心的漂亮才是真正的漂亮。形貌的美丽只会令人羡慕,内在德行的修养才会令人尊敬。庄子《山木》篇讲了一个故事:有一个人娶了两个妾,一个长得漂亮,一个长得不漂亮,他喜欢长得不漂亮的妾。因为长得漂亮的妾自恃其美,骄傲自大,反而让人不知其美;长得不漂亮的妾自知其不美,谦卑柔和,所以得人喜爱。

美丑在形貌，贵贱在德行

庄子在《人间世》篇和《德充符》篇中，描述了不少身体残缺、畸形和外貌丑陋的人，如支离疏、兀者王骀、兀者申徒嘉、兀者叔山无趾、哀骀它、支离无脤等人，这些人有的是驼背，有的是双腿弯曲，有的是腿被砍断，有的是脖子长着大瘤……总之，都是一些长相怪异丑恶的人，但是这些人却得到很多人的尊敬和喜爱。譬如兀者王骀，跟随在他身边的人，和仲尼一样多。哀骀这个人，男人和他相处，都不忍心离去；女人见了他，宁可当他的妾，也不愿意当别人的妻。支离无脤游说卫灵公，深得卫灵公的欢喜。为什么这些长相怪异、丑陋的人，能够得到许多人的爱慕呢？因为他们并不在乎自己的形貌怪异、丑陋，而努力追求自己的学问、能力、智慧、德行。别人看重他们的学问、能力、智慧、德行，也就不在乎他们形貌的丑恶、怪异了。

命是父母给的，运是自己求的

"一枝草，一点露。"每个人出生背景不同，体质有别，资质迥异。长得漂亮是运气，活得漂亮是能力；长得漂亮很重要，活得漂亮更重要。不少年轻朋友因为家庭变故、父母失和，或是家境贫穷、生活困难,或是身体残疾、体弱多病,或是长相不美、身材欠佳,或是人缘较差、学习不好,以致对自己失去信心,对人生充满怨恨,表现在生活上,或是害羞胆怯,或是暴力叛逆,这都是人生失衡的表现。

人生之美,可贵之处不在于先天的禀赋,而在于后天的努力。事在人为,条条道路通罗马,只要有心就会有力。“山重水复疑无路,柳暗花明又一村。”不是路已走到尽头,而是到了该转弯的时候。无论遇到什么情况,总有机会突破。努力找一条属于自己的路,才是正确的人生态度。

老天给我们的一切都是恩典,对于老天给我们的优点,要心存感恩;对于老天给我们的缺点,要心存感谢。我们要感恩肯定我们的人,我们要感谢批评我们的人。

如果命运给我们的是一颗酸柠檬,我们要努力榨出可口的果汁;如果命运给我们的是一堆碎玻璃,我们要努力镶造成一双能让人翩翩起舞的芭蕾舞鞋。口足画家谢坤山先生,年轻的时候不慎触电,截断了四肢,只能用口衔笔作画。当记者问他是否会感到生活不方便时,他回答说:“不会。老天把没有用的都拿走,留下的都是有用的。”

人生的道路，不会永远平坦。活在世上，谁人不苦？只是有的人苦多一点，有的人苦少一点；有的人苦大一点，有的人苦小一点。每个人能承担的苦不同，我们唯一能做的事，就是努力提升自己承担苦难的能力。

庄子的伟大，在于他能不以悲苦为悲苦，化悲为喜，转苦为乐，顺其自然。就像《大宗师》篇中，子舆化为鸡、弹、轮、马，他就或作鸡啼，或作弹弓射鸟，或作车轮，或作马乘，因时俱宜，随时俱化。

不要在意自己的缺陷，要把危机当转机，把压力当动力。能够把得失心、利害心、计较心，一一摒除尽净，就能得到人生的大解脱。人生之所以有很多烦恼与痛苦，往往是因为内心有太多的挂碍放不下。舍不得，所以放不下。人生迟早都要全部放下，又有什么放不下的呢？人生都有一些不圆满，能够接受人生的不圆满，才能追求圆满的人生。

阅读省思：

1. 你会很在意自己的一些缺陷吗？

2. 你会接受人生的不圆满，努力追求圆满的人生吗？

朋友交往莫逆于心

惠施与庄子相知相惜

《庄子·秋水》:“惠子相梁”。施是庄子的好朋友,尽管惠施曾经担心庄子会抢走他的楚国相位,但是两个人常常一起出游。有名的游鱼之乐的辩论,便是两人一起到濠梁玩,因为水中的游鱼,而激起的一番辩解。庄子与惠施,一个从感性的视角,察觉到游鱼的快乐,一个从理性的视角,分析人不是鱼,不应该知道游鱼是否快乐。角度不同,观点不同,各有殊胜,难断得失。

惠施比庄子去世得早。有一次,庄子送葬,经过惠施的坟墓,他很感伤地说,郢地人曾经把石灰涂在鼻尖上,像苍蝇的翅膀那么薄,让名叫石的工匠砍掉。工匠石转动斧头像风那样快,随手一砍,就把石灰砍掉,而鼻尖没有受到伤害,郢地人站着仍然面不改色。宋元君听到这件事,命令工匠石再对他尝试一下。工匠石回答说:我是可以这样做,但是那是要有搭伙的配合的,我的搭伙已经死去很久了。庄子何尝不是如此,自从惠施死后,庄子也没有搭伙的人,没有对象可以和他一起谈论道理了。

知音难觅

知音难觅呀!从前晋国伯牙在汉江弹琴,楚国人钟子期听到了,赞美伯牙的琴音“峨峨兮若泰山,洋洋兮若江河”。两人结为好朋友,相约第二年中秋再见。等到第二年中秋,伯牙如期赴约,不幸的是钟子期已去世。伯牙非常难过,认为一生再无知音,便毁了心爱的琴,一生不再弹琴。

春秋时期,吴国公子季札,奉命出使晋国。经过徐国时,徐君见季札佩剑,十分喜爱,但不好意思明说。季札心里也明白,不过因为任务尚未完成,当下并没有把佩剑送给徐君。等到季札完成使命,重返徐国时,徐君已死,季札便把佩剑挂在徐君墓前的树上,感念生死不渝的友谊。

庄子在《大宗师》篇中谈到,子祀、子舆、子犁、子来四个人是好朋友,都是莫逆之交。有一天,子舆病了,子祀前往探视。子舆的身体变得弯腰弓背,五脏的脉管突起,两个肩膀高出头顶,发髻直指上空,阴阳二气也错乱。子祀问:“你讨厌现在这个样子吗?”子舆说:“我怎么会呢?老天把我的左臂作鸡,我就叫它来报晓;老天把我的右臂变弹弓,我就让它去打鸟烤着吃;老天把我的尾脊骨变作车,把我的精神变作马,我就可以自由乘坐,不用另外去找车、找马了。总之,老天让我变成什么样子,我都能逆来顺受,安时处顺,哀乐不入。”不久,子来生病快死了,他的妻子、孩子,围绕在旁边悲伤恸哭。子犁前去探望,看到这情形,便叫子来的家人走开,不要惊动将要变化的人,并且倚靠着门对子来说:“造化要把你变作什么呢?把你变作鼠肝吗?把你变作虫臂吗?”子来说:“不管老天把我变成什么,我都会欣然接受。上天给我形体,用生使我劳苦,用老使我清闲,用死使我安息。生死就像做梦一样,忽然睡醒了,忽然睡着了。”

子祀、子舆、子犁、子来都是通达天命的人,都能够把“无”当作头,把“生”当作脊梁骨,把“死”当作脊尾骨,把生、死、存、亡视为一体,不知悦生,不知恶死,理念相同,志同道合,所以能成为好朋友。

子桑户、孟子反、子琴张三个人也是知心的好友。子桑户死了,还没有下葬。孔子派子贡前去帮忙料理丧事,只见孟子反和子琴张,一个在编曲,一个在弹琴,没多久,两人一起唱歌,歌声是:“桑户呀!你已将返璞归真,而我们还在辛苦做人。”子桑户、孟子反、子琴张也都看破了生死,能够游于尘垢之外,没有形体的痛苦,也没有心知的困惑,完全得到心灵的自由解放,得到人生的至乐。

朋友之交贵在真诚坦率

朋友之交贵在真诚坦率。待人处事以诚恳为贵,诚恳才厚实,诚恳才实在,诚恳才不虚伪,诚恳才不造假。一个待人处事都很诚恳的人,一定是令人敬重的人,是令人乐于亲近、交往的人。

诚是统摄众德之源,诚是人性真实的流露。诚是至真、至善、至美,诚与真、善、美同义。

庄子是个很率性、很认真的人,庄子描述得道的人,有天人、神人、至人、圣人与真人。得道的人,与万化冥合,与大道相同。庄子所描述的得道的人,都有一个共同的特征,就是不将不迎,不死不生,无成无毁,无得无失。

任真、率真,就是回归自然、顺其自然,不以人为的造作伤害自然的本性。有些人的手多一根拇指,把它截断,就会哀伤痛哭;有些人的手指连在一起,分开了也会很难过。该怎么样就怎样,不该怎么样就不要怎么样,我们不能任意作为,而要顺应万物之情,不害性伤生,才是生命的真谛。

乐多贤友

朋友像一本书，朋友像一座桥，朋友像一只烛光，朋友是永远的财富。一个人没有朋友，就好像生命中缺少阳光、水分与空气。孔子说:“独学而无友，则孤陋寡闻。”结交朋友，贵在互相勉励，互相切磋。

结交朋友，是结交其品德，而不是因为朋友有钱、有地位。物以类聚，人以群分，一个喜欢吃喝玩乐的人，会跟喜欢吃喝玩乐的人在一起；一个正直的人，所交往的朋友，必定也是正直的人。“乐多贤友”，结交对人有益的朋友，是人生三乐之一。

阅读省思:

1. 你有很多知心朋友吗?

2. 你会主动去结交朋友吗?

做人要有原则而不能只有原则

不要急着赶路,免得提早下车

人到中年,圆了肚子,也圆了心胸。我生肖属牛,又是金牛座的,真是很牛的人。我从小是个急性子,一忙一累,脾气也不好。家母常告诫我说:"脾气那么急,要去赴死呀!"有个医生告诉他急性子的女儿说:"不要急着赶路,免得提早下车。"正是同一个意思。人生像一趟旅行,很多人匆匆而过,来不及细心品味人生的美妙。瑞士阿尔卑斯山的山麓挂着一个广告牌:"慢慢走呀!好好欣赏。"令人省思。

十几年前,我移民新西兰,在奥克兰办了一所中文学校。当时我还在台湾师范大学执教,真是又忙又累。一位新西兰朋友劝我:"You are busy , you are hurry ,you are worry, take easy!"处在今天又紧张又忙碌的社会,每个人都想把手边的事做完,但是旧的事还没做完,新的事情接踵而至。

不是不变,也不是都要变

我上课常问学生,做人要不要有原则,很多同学都回答应该要有。接着,我问:“做人能不能只有原则?”就有人答不出来,有的人说:“不能。”我说:“做人要有原则而不能只有原则,这是做人的大原则。该有原则的时候要有原则,不能有原则的时候就不能有原则。问题是什么时候该有原则,什么时候不该有原则呢? 有些人是该有原则的时候没有原则,不该有原则的时候,却坚持不已。”

古代圣贤教我们做人做事的道理,不管是儒家还是道家,都主张通情达理,守经达变。庄子在《知北游》篇中,借孔子回答颜回的话,说:古代的人,随外物变化而内心保持不变;现代的人,内心多变化而不能随外物变化。处世之道,不是都要变,也不是都不变,而是该变就变,不该变就不变。能随外物变化的人,是因为内心保持不变,他能安于变化,也能安于不变,随缘自在,自得自乐。

《人间世》篇中,庄子说:顺着万物的自然状态,让心灵自由翱翔,把一切寄托于不得已,由此涵养内在自我,这就是自处的最高原则。什么是不得已,就是不得不然,该怎么样,不该怎么样,万物皆有定则,顺其自然而已。

《应帝王》篇中,庄子说:让心志淡泊,神气恬静,顺应万物的自然变化,不要有私心,这样天下就能太平了。至人、神人、圣人,都是庄子心目中得道之人,至人的用心,像明亮的镜子一样,对外物的来来去去,不迎不送,只反映而不停留,所以能够承受万物的变化而没有任何损伤。

遵守游戏规则

我们生活在一个群体社会,家有家规,国有国法,社会有许多法律规章,每个人都应该遵守共同的游戏规则,这叫物化。然而,每一个人又是独立的个体,全世界没有两个人有完全相同的长相、个性、生活习惯,每个人都有自己的价值观、独特的风格,每个人都坚持自己的理想,这叫内不化。

苏轼《赤壁赋》云:“自其变者而观之,则天地曾不能以一瞬;自其不变者而观之,则物与我皆无尽也。”天地万物,有变有不变。我们到一景点旅游,白天与晚上的景不同,春天与秋天的景也有异,但是景还是那个景,变的是现象,不变的是原理、原则。

在日新月异的现代社会,科技的发展日以千里,变化非常快、非常多、非常大,以致造成很多人茫然失措。常者,无常也;无常者,常道也。佛教《金刚经》说:“一切有为法,如梦幻泡影,如露亦如电,应作如是观。"人世间的一切作为,都是须臾、短暂、空幻、不真实的。我们吃的烧鸡、烤鸭、水煮鱼,都是加工加料,不是本色本味;我们穿的衣、住的房,也全是人工的作为。我们要如何适应纷杂变化的社会,而又不会随波逐流,迷失自己呢?生命应该有所坚持,而生活可以随意而安。

只有自己能做决定

战国时期,屈原曾为楚怀王宠臣,后为谗言所害,二度被放逐,忧愁忧思,不知所从,便找太卜郑詹尹为他占卜。屈原自问:是应该诚诚恳恳尽忠职守,是像别人一样忙着官场上的迎送往来呢?是应该自己努力耕作,还是巴结大官,追逐声名呢?是仗义执言而危害自己,还是随波逐流,苟且偷生呢?是超然高举,保有清真,还是跟在别人后面,拍马逢迎呢?是廉洁正直,自表清高,还是表现低俗,没有骨气呢?是像昂首阔步的千里马,还是像载浮载沉的水鸭呢?是像骐骥日行千里,还是像驽马一样笨拙呢?是像鸿鹄振翅高飞,还是像小鸡、小鸟在争食呢?人生时常在两难之间,屈原提出八个问题,郑詹尹的回答是:任何事情都有得有失,解铃终需系铃人,自己的问题,只有自己解决,老天没有办法替我们做决定。

一个人立身处世，自己要能当家做主。别人只能提供建议，只有自己能做决定。庄子一向是主张特立独行，悠游万仞，与天地相往来，但是对于子女孝顺父母，人臣忠于国君，庄子认为是天下的大戒。前者是命，后者是义，是无法逃避而必须做到的事。可见庄子认为自己的行为要能与社会规范相顺应，而无论外界如何变化，自己的内心一定要有所坚持。君子有所为，有所不为，而不是无所不为。举世滔滔，我们不能成为离群索居的孤鸟。庄子的思想，不是要我们脱离现实，超然远引，他所强调的是，如何保有一颗清纯自然的心，能够在真实的生活中得到和谐、安详、幸福、美满。

阅读省思：

1. 你常会因为坚持己见，与人发生冲突吗？

2. 当你遇到困惑时，你是如何做出明确的抉择的？

对与不对不是绝对

公说公有理，婆说婆有道

从前有两名武士经过一棵大树，大树上挂着一个盾牌，见了盾牌，甲武士说盾牌是金的，乙武士说盾牌是银的。两名武士为盾牌到底是金的还是银的，吵了起来，并且扭打在一块。结果发现这盾牌一面是金的，一面是银的。甲武士看到盾牌金的一面，乙武士看到银的一面，说是金的对，说是银的也对，说是金的不全对，说是银的也不全对。人与人之间，常常会有不同的意见，公说公有理，婆说婆有道，各持一片理。理在我们这一方，并不表示理不在别人那一方，角度不同，观点就会不同。如果我们能换位思考，就能对别人多宽容、多包涵，而不会动不动就生气吵架。

庄子的人生观十分通达，他认为宇宙间的万事万物，都是相对的关系，而不是绝对。天地阴阳二气，相生相克，老子说："祸兮福之所倚，福兮祸之所伏。"祸福是相倚相伏。我们所指的前、后、左、右，没有前面，哪里是后面？没有左边，哪里是右边？而所谓的前面,相对于前面的前面,它还是后面;而所谓的后面,相对于后面的后面,它却是前面。

天地万物浑然一体,不必强分彼此

庄子认为天地万物浑然一体,不能强分彼此,也不必强分彼此。世俗所谓的是非、得失、美丑、善恶,往往只是主观的认定。我们睡在潮湿的地方,就容易得风湿病、关节炎,可是泥鳅就喜欢潮湿的地方;我们睡在树上,会恐惧害怕,猴子却喜欢在树上爬上爬下。所以,什么地方才是安稳睡觉的地方呢?人、泥鳅、猴子,各有不同的需求。我们要学会尊重,因为尊重是人生的第一堂课。

一个人的最爱可能是另一个人的禁忌

一个人的最爱,可能是另一个人的禁忌。对于患糖尿病的人来说,许多人爱吃的巧克力,却是他的禁忌。爱,不是我们有什么而给对方什么;爱,是对方需要什么,我们能给他什么。爱为什么会成为负担和痛苦?因为我们给的对方不需要,对方需要的而我们给不了。

所谓的美丑、智愚、贵贱、穷富,都是相对的,不是绝对的。如果一定要强分彼此，只是增加烦恼和痛苦而已。有人说：两种“较”不能信，一种是计较，一种是比较。人一旦有了计较、比较，就会有争端，也就有了是非。

人心的执迷，往往只见其利，不见其弊，或是只见其得，未见其失。对于各种利弊、得失、是非、祸福，我们不能只从世俗的眼光去看待，要能跳脱与超越。人生的悲苦，主要来自私心太重，成见太深。人心被蒙蔽了，就看不清事物的真相。我们常常只见其一，不见其二，只了解到道的一部分，而没有体悟到道的整体。

把人物化是人类的危机

我们现代人都非常注重功利，做任何事一定要有目的、有效率，讲求品质，好了还要更好，快了还要更快。整个人类最大的危机，是把人物化。物品讲价格，人讲价值。把人商品化的结果，就是人失去其尊严。什么是有用？什么是没用？什么是小用？什么是大用？在不同的时候，会有不同的理解。惠施有个大葫芦，不知道能做什么用。只好剖开两半来盛水。庄子则告诉他可以作为小舟，浮游四海。宋国有人家传一种不会让手龟裂的药，用来防止漂洗染布时伤手。当时，吴越两国正在打仗，每次冬天水战时，双方士兵的手都被冻裂得无法拿起武器。有人买了这种不龟手之药送给吴国,帮助吴国打败了越国,得以裂地封侯。不龟手之药是一样的,有人靠它得到封赏,有人却免不了漂洗染布的辛劳,而这就是因为用途不同。产盐的地方,盐的价格很便宜;缺盐的地方,盐的价格却很贵。面包对于饥饿的人是美食,对于吃饱了的人则是多余的食品。

有一个人住豪宅,价值三千万元,银行贷款一千万元;另一个人住公寓,价值一千万元,银行存款五百万元,请问谁是有钱人?如果一个人月收入五万元,支出六万元;另一个人月入两万元,支出只要一万五千元,请问谁能开心过日子?可见金钱并不是人生追求的最大目标。

天下事一得一失

天下事一得一失,有得有失。今天人类的物质生活,已经极为安逸、舒适、富裕,可是人类的精神生活,却越来越紧张、忙碌、惶恐、偏枯。物质的富足并不能填满内心的空虚,这是因为科技的发展,过分强调“尽物之性”,而忽略“尽人之性”的重要。人们所得急剧增加,社会问题却日趋严重,暴力、色情,以及各种断丧道德的犯罪行为,层出不穷,令人触目惊心。

物质生活向下看,精神生活向上提升,才能还原人性的尊严与价值。每个人的因缘、条件不同,只有善用自己的因缘、条件,才会是最圆满的人生。没有最好的生活,只有比较好的生活。天下没有免费的午餐,美好的生活,不会是天上掉下来的礼物,有付出才有回报。为了一时的口腹之欲、轿车豪宅的物质享受,是要付出很大代价的,不只是个人的时间、体力与健康,甚至要牺牲亲情、友情与爱情。在得失取舍之间,我们要有明智的判断。

一个人能够得到心灵的解脱,自然能够呈现一片虚静清明的精神状态。天下一气,万物的本质相去不远,我们实在不必强分彼此,徒生争端。知止、知足、舍得、放下,就能求得淡定愉悦的人生。

阅读省思:

1. 人生往往不只是一道是非题,你同意这个观点吗?

2. 你常为"真理"而与别人争执不休吗?

蜗角之争不可取

庄子有伟大的科学精神

庄子是一位了不起的思想家,非常杰出的文学家,也可以说是聪明的科学家,至少他有了不起的科学家思想。《逍遥游》篇描写大鹏飞到九万里的高空,才开始向南飞行。大鹏鸟为什么要飞到九万里的高空才能向东南飞行呢?因为只有飞到这个高度,才不会受到风的阻力。因为六月海劲的大风,像野马般的游气,像飞扬的尘埃。庄子形容湛蓝的天空,不知道是不是天空真正的颜色。天空无穷无尽,我们看不到它的至极深处,而大鹏鸟从天空往地面上看,也是如此。我们现在常常有机会乘坐飞机去旅行,飞机冲破云霄的景观,不正如庄子所描述的吗?庄子在两千四百年前,就有此远见,真令人佩服。

从浩瀚的宇宙观测地球,庄子《秋水》篇:中国存在于四海之内,就像小米粒存在于大谷仓。庄子真是有气吞山河的胸襟,所以才能有此宏伟的远见。《则阳》篇中有一个故事,非常精彩,讲述齐、魏两个诸侯大国签署盟约，齐王毁约，魏王魏莹很生气，要派人刺杀齐王。公孙衍将军听到了这消息，认为暗杀行动是可耻的行为，应该发动战争，派兵消灭齐国。季子则主张以和平方式处理，因为两国之间的和平关系已经维持了七年，不应该为此而毁于一旦。后来，戴晋人去见魏王，对魏王说："你知道蜗牛吗？"魏王说："知道。"戴晋人接着说："蜗牛有两只触角，有一个国家长在蜗牛的左角，称为触氏，另一个国家长在蜗牛的右角，称为蛮氏。两个国家经常为了争夺土地，发动战争，死伤数万人。现在齐、魏之争，不正像蜗牛角上的触氏和蛮氏吗？"

美国作家梭罗（H. D. Thoreau）为了写好《瓦尔登湖》，体验人类最简单的生活，曾经一个人独居在瓦尔登湖畔。有人问他会不会觉得寂寞，他说：我们居住的地球，在宇宙中不过是个黑点。梭罗所说与庄子所言有异曲同工之妙。不过，梭罗是美国近代的文豪，庄子则是中国古代的思想家。

长在蜗牛角上的触氏和蛮氏，所能争到的最多也只是蜗牛壳而已，所得实在有限。一个人能吃多少、喝多少呢？庄子《逍遥游》篇说：鹪鹩栖息在树林之中，它只能选择一棵树的一根枝而已；鼹鼠到河边饮水，也只能填满自己的肚子而已。我们有再多、再大的房子,晚上睡觉只需要一个房间、一张床;拥有再多华丽的鞋子,脚上一次也只能穿一双。

一切有为法,如梦幻泡影

佛教《金刚经》云:“一切有为法,如梦幻泡影,如露亦如电,应作如是观。”蜗角之争,就像电光石火,所争的只是蝇头小利,没有什么意义与价值。我们要放远眼光,放宽心胸,放开气度。苏东坡《超然台记》一文告诉我们,要游于物之外,而不要游于物之内,不要为物欲所拘。人为物欲所拘,追求没完没了,就会烦苦不尽。

苏轼超然物外

苏轼从杭州通判调任密州知府。“上有天堂,下有苏杭。”苏轼出守密州的时候,则是连年灾荒,有蝗灾,又干旱,人民生活很苦,他自己的生活,也是日食杞菊,家中没有储粮。可是一年之后,苏轼脸上竟然长肉了,头发也由白返黑,这是因为他随遇而安的个性,使他能苦中作乐,超然物外。苏轼不以现实的生活悲苦为悲苦,他能寄情在山水之间,与亲友、百姓同乐,从而得到精神上的愉悦和满足。

人从物质上所能得到的满足是有限的,而对物欲的追求是无止境的。一个人如果不能知止、知足,就不能掌握人生的方向,不能追求生活的质量,不能体会生命的价值,不能求得身心的安顿。

人生是争不完的

人生是争不完的。"争"字,在甲骨文中像两个人各持物的一端相争之形。争名利、争得失、争胜负,都是起于分别心。人人都希望求福而辞祸,可是因为人心不足,物欲难求,在争名夺利的过程中,往往是求祸而辞福。没有得到福的好处,先得到祸的坏处,即使得到了福,满足了欲望,也会因小失大,得不偿失。

人生都有一些不圆满,实在没有什么好计较、好算计的,也不应该物欲太满、太盛。老子曾说:"祸莫大于不知足,咎莫大于欲得。"人生的痛苦,主要因为私心太重,欲望太多。

法国大文豪雨果说:"世界上最宽广的是海洋,比海洋宽广的是天空,比天空更宽广的是人的心胸。"心有多宽,世界就有多宽。人生是计较不完的,为了一点点的得失、利益,而逞强斗狠,是划不来的。争强好胜的结果,即便赢了面子,却可能输了里子。吵架没有赢家,不管是输是赢,都会失去珍贵的感情,两败俱伤。

我们不是不争、不求，争要争大的，求要求久的，而非求一己、一时之利和名。“利计天下计，名求万世名。”个人的生命，就像一滴水，暴露在阳光下，很容易就干掉，只有将它放在大海中，才会永久存在。个人的生命有限，社会的事业无穷，把个人有限的生命融入社会无穷的事业，个人的生命才得以绵延不尽。

心中无缺叫富，被人需要叫贵，而不是有钱叫富，有身份、有地位叫贵。一个不满足的人，即使有再多的钱、做再大的官，都嫌不够。不满足的人，永远不快乐，只有不争、不求的人，才能得到心灵的快慰、富足。

阅读省思：

1. 你对自己现在的生活状况满意吗？

2. 你常常与别人计较，与别人争执吗？

爱对人用对方法

爱与被爱是人生的幸福

爱是生命的价值。人生有得意的时候,也有失意的时候,得意的时候,希望有人分享成功的喜悦;失意的时候,希望有人分担失败的落寞。有谁能独享一桌子的美食佳肴?有谁能面对孤寂的啃噬而无动于衷?爱是生命的价值,生命中最大的幸福是爱与被爱。爱一个人之所以幸福,是因为心有所属,人生变得亮丽起来。人生有了目标,生活充满活力、冲劲,即使有再多的辛苦,也能甘之如饴。为了爱,可以牺牲一切;为了爱,可以放弃所有。

被爱之所以是幸福,是因为心有所属,就有了安全感。有人呵护,有人关心,有人细心照顾,有人嘘寒问暖,不是一件很幸福的事情吗?有了爱,就能拥有一切;有了爱,就能天地长久。

丘比特的箭常常射错人

有爱的人是一种幸福,有人爱的人也是一种幸福。世界上最悲惨的人，是没有人爱的人，以及没有可以爱的人。不过，丘比特爱情的箭射出来的时候，有时忘了戴眼镜，有时忘了戴手表，前者是对象不对，后者是时间不凑巧。使君有妇、罗妇有夫，爱了不该爱的人，即使对方不是有夫之妇或有妇之夫，但是已经有很亲密的伴侣，就不应该横刀夺爱，破坏别人幸福的家庭。

在对的时候做对的事是很重要的。庄子《应帝王》篇有一则很有名的故事，叫“浑沌开窍”。庄子常常假借神仙、鬼怪、帝王、人臣，作为他笔下叙说故事的角色。倏是南方之帝，忽是北方之帝，浑沌是中央之帝。倏和忽经常到浑沌的地方去玩乐，浑沌都非常热情地接待。有一天，倏和忽突发奇想，为了报答浑沌对他们的款待，就想使浑沌像人一样有眼睛、鼻孔、嘴巴、耳朵七个窍孔，可以看、呼吸、吃、喝、说话、听。于是，他们每天给浑沌开凿一个窍孔，没想到七天之后，浑沌就死了。这个故事的寓意是凡事要顺其自然，该有的东西就要有，不该有的东西就不要有。我们爱一个人，如果用错方法，不但不能达到预期的效果，反而适得其反。

以鸟养鸟而不要以人养鸟

庄子《至乐》篇记载，从前有一只海鸟栖息在鲁国的郊野，鲁侯抓到后，把它供养在庙堂之上，弹奏最美妙的音乐，喂食最好的佳肴，提供最好的饮料。可是这只海鸟依然流露出忧伤的眼神，不吃不喝，三天之后就死了。海鸟的死是因为鲁侯用错了方法，用养人的方法养鸟，而不是用养鸟的方法养鸟。以养鸟的方法养鸟，就应该把这只海鸟放生，让它回归山林，任意翱翔，随意取食，自由生活。《养生主》篇也说：生长在水泽中的野雉，走十步才能找到一口食物，走百步才能找到一口水喝，虽然生活很艰难，却不愿意被畜养在笼子里。

庄子的《骈拇》篇中提及水鸟的腿很短，把它的腿拉长了，就很不舒服；白鹤的腿很长，把它的腿截短了，也很难过。该长就长，该短就短，凡事要顺其自然，如果拂逆其性，则将弄巧成拙，反成弊害。

庄子反对刻意的作为，主张无为自化，清静自正。伯乐善于治马，为了驯服马匹，他又是烧、又是刻，加上马勒、鞭策，而且刻意让马又饿、又渴，以及经受各种严格的训练。不堪训练之苦的马，死了一大半。

关心有时候是问，有时候是不问。小孩子在房间里做功课，妈妈一会儿进去问累不累，一会儿进去问饿不饿，一会儿进去问冷不冷。孩子会变得很不耐烦。

每个人的生活习惯不同,兴趣不同,喜好也不同。有人喜欢吃辣,有人不喜欢吃辣;有人喜欢吃甜,有人喜欢吃咸;有人把臭豆腐视为天下美味,有人则避而远之。我们不能把自己的观点,强加在别人身上。做人要从学习尊重别人开始,我们要时常保持一颗体谅的心,虚心包容,互相尊重。

爱是关怀,爱是体贴,爱是包容,爱是接纳,而最重要的是,爱是互相了解。有些人误会爱的真谛,以为自己有什么就给对方什么,自己喜欢什么,对方也会喜欢什么。其实,每一个人喜欢的未必相同,每一个人需要的也不一定一样。真实的爱,是要了解对方喜欢什么,对方需要什么,而能满足对方的需要。

爱与被爱是一种幸福,但是如果爱错对象、爱错方法,爱与被爱就成了烦恼与痛苦。另外,老天也常和我们开玩笑,你爱的人不一定爱你,你不爱的人却可能很爱你。正所谓"落花有意,流水无情",令人啼笑皆非。

人生到处有风景

人生到处有风景,我们常常错失许多人生的幸福。亲情、友情、爱情是人世间最真实的爱,是人们最宝贵的财富。人世间因为有这些伟大的情爱,所以才能彰显生命的意义、价值与尊严。“爱是恒久忍耐,又有恩慈;爱是不忌妒;爱是不自夸,不张狂,不做害羞的事,不求自己的益处,不轻易发怒,不计算人的恶,不喜欢不义,只喜欢真理;凡事包容,凡事相信,凡事盼望,凡事忍耐,爱是永不止息。”这段话让我们感动,也值得我们深思和学习。

阅读省思:

1. 你曾经有过轰轰烈烈的爱情吗?

2. 你曾经错失过一段珍贵的友情吗?

失去爱人不能失去爱

一次作文课上，我出的作文题目是《我的家庭》。有一个学生写道："我的家庭，有爸爸，有妈妈，爸爸几年前因为经商失败，亏欠很多钱，烧炭自杀身亡。不久，妈妈因为伤心过度，也步上爸爸的后尘，烧炭自杀身亡。现在只剩下我和姐姐相依为命。"我看完他的作文，非常心疼，给写的评语是：失去爱人，不能失去爱；不能拥抱家人，可以拥抱众生。

每个人的命运各有不同

每个人的命运各有不同，多半的人从小拥有一个温暖而甜蜜的家庭，但是也有些人自小就失去父亲或者母亲，甚至有些是父母双亡的孤儿。

现代的社会愈来愈现实，也愈来愈复杂，很多夫妻感情不和，动辄以离婚收场，孩子无辜，不是失去父爱，就是没有母爱。再多的物质享受，都不能弥补残缺的爱，给孩子一个幸福的家庭，就是给孩子最大的财富。

当然，天命难测，碰到了，不认又能怎么办？在现实生活里，人生有许多的悲苦，有人为钱而苦，有人为情而苦，有人为健康而苦，有人为家庭事业而苦，总之各有各的苦。有人能承担很多苦，有人却只能承担一点，多一点苦就受不了。一个人是否伟大，全看他吃苦能力的大小。

庄子丧妻，鼓盆而歌

庄子《外物》篇中写庄子丧妻，惠施前去吊唁，见庄子正在敲打瓦盆而唱歌。惠施责备庄子说：你的妻子与你结为夫妻，抚养子女长大成人。现在她年老病死，你不伤心难过也就算了，怎么还一面敲打瓦盆，一面唱歌，真是太过分了。从这个故事，我们知道庄子晚年丧妻（庄子妻年老病死，庄子应该也不年轻），有丧妻之恸，虽然有子女，好像也不太成才。庄子在现实生活里，未必能够事事顺心如意，所以只能在梦境里，借翩翩飞舞的蝴蝶，来"自喻适志"。

当然，我们也可以从另一个层面来理解，虽然在现实生活有很多悲苦，但是庄子的个性豪放旷达，即使是在梦中，也能像蝴蝶翩翩起舞，自由飞翔，不受任何拘束。

养心莫善于寡欲

生而为人,当然会有很多执迷。人之大患,就是有个臭皮囊,每天要吃要喝,还有七情六欲在作怪。人有求生存的欲望,有求安全的欲望,有被爱的欲望,有被尊重的欲望,有自我实现的欲望。人没有了欲望,人就不能称之为人了。欲望是不能断绝的,老子告诉我们“少思寡欲”,孟子告诉我们“养心莫善于寡欲”,我们只能减少欲望,而不能灭绝欲望。

以不如意为如意,人生还有什么不如意

面对苦难的人生,我们要学会顺其自然。台湾法鼓山圣严上人曾说:“我们常说人生不如意事,十之八九。那么遇到不如意的事,不正如我们所意吗?以不如意为如意,人生还有什么不如意?”把一切不如意的事,都看成人生必然的一部分,内心就能坦然接受而不会怨怼、愤恨了。

人生有得有失,有祸有福,这是正常的,就像有高山就有深谷。同时,宇宙间的现象,往往是相依相辅,相反而相成。“有无相生,难易相成,长短相较,高下相倾,音声相和,前后相随。”庄子认为天地万物,浑然一体,没有差别相,“道通为一”。世间之所以有差别

相，是因为人只追随事物的表象，而没有探究事物的本体。庄子主张顺应自然，不要强分彼此。

我们一般所见大小之殊、寿夭之异、贵贱之别，都只是比较而得，而不是绝对不变的事实，妄作分别心，强分彼此，只是自找烦恼而已。

庄子生在衰乱之世，他的一生也是处在苦难之中，但他豪迈旷达的个性，使他超然物外，不拘束于现实生活的悲苦，而追求精神的自由愉悦，这是最值得我们学习的地方。人生难免会有许多的瓶颈和困境，能吃别人不能吃的苦，才能享别人不能享的福。老天要成就一个人，就会给他很多磨炼意志的机会。愈艰苦的人生愈精彩，愈困难的事业愈壮观，勇敢走自己的路，成功靠自己。

虽然不是每个人都拥有爱人，但是每个人都拥有爱人的机会和能力。爱是生命的原动力，我们对别人的一句安慰、一句鼓励、一句肯定，都是爱的表现。爱是信心，爱是力量，爱是人与人之间的坦诚相待，爱是生命迸发出来的熊熊烈火。因为有爱，人生才有意义、有价值。

阅读省思：

1. 你认为庄子妻死，庄子鼓盆而歌是无情吗？

2. 你愿意为社会大众付出自己的爱心吗？

生活是一种习惯，生命是一种态度

很多人都非常向往庄子逍遥自在、独与天地往来的精神境界，但是在现实生活中，大家都有不少的挂碍，放不下家庭、父母、儿女，放不下工作升迁、事业发展，放不下升学、就业，放不下感情、婚姻。生而为人，人生有太多放不下的东西，难怪苏轼会感叹："几时归去，做个闲人，对一张琴，一壶酒，一溪云。"其实，人生迟早全部要放下，该放下的就要放下。放下，不是什么都不要，而是放下生命的多余，不是要放下家庭、放下工作、放下事业、放下学业、放下感情、放下婚姻，而是要放下对家庭、工作、事业、学业、感情、婚姻没有帮助的东西，放下家庭、工作、事业、学业、感情、婚姻中让自己不健康不快乐的人、事、物，以及不好的生活习惯、不正确的生命态度。

每一个人对自己的生命都有自己的看法。有的人认为人生是彩色的，有的人认为人生是黑白的；有的人对人生充满希望，有的人对人生充满失望，甚至是绝望。态度决定一切，把人生当成快乐的享受,则无时不乐、无事不乐;把人生当成苦差事,则无时不苦、无事不苦。

生命的态度决定生命的高度

生命的态度决定生命的高度。一个人的成就,在于一个人的心胸;一个人的学问,在于一个人的器量。心有多宽,世界就有多宽。一个人自认为会成功,往往就会成功;一个人自认为会失败,结果就会失败。成也自己,败也自己。

生命是真实的存在

生命是真实的存在,一天就是一天,一年就是一年,我们不能把一年浓缩成一天,也不能把一天延伸为一年。在我们的生命中,每一天、每一月、每一年,都有我们应该做的事、想做的事、在做的事。从出生到老死,人人都有许多应该做的事,包括一个人对自己、对家庭、对学校、对社会、对国家,甚至对全人类的责任。人是为责任而生,有责任才会有成就,成就是一个人终生奋斗的目标。

在人的一生里,每个人都有不少想做的事。这些想做的事,有的可以做到,有的不能做到;有的是可以做的,有的是不可以做的。不能做、做不到的事,固然不必谈;可以做、可以做得到的事,也未必人人都会做到。

命好不如习惯好

命好不如习惯好,有好的习惯,不只是自己从容自在,别人也乐意与之相处。人与人之间难免会有或亲或疏的关系,我们应该尽量培养好习惯,改正不好的习惯。

人生最难的是生死障,之所以会贪生怕死,就是因为对生命的存在或消逝没有正确的理解。庄子《知北游》篇说:人的生命,是气的凝聚;气聚便是生,气散便是死。死生本来就是互相循环的,又有什么可忧虑的呢?万物本来是一体的,人们把认为美好的称为神奇,把厌恶的称为腐朽,腐朽的可以化为神奇,神奇的又化为腐朽。所以说,全天下只是一气的流通。这段文字非常精彩,庄子把天地万物的生命都看成宇宙生命的流行,人的生命也是如此,人也只是万物之一,在天地之间并没有显得特别尊贵。人生的烦恼,往往是把自己看得太重。庄子把人的生死视为大气的聚散而已,足以打破人类把自己看得很尊贵的观念。

死生是命

《大宗师》篇说:死生是命,如同白天和黑夜的经常变化一样,是自然的道理。从这个观点来看,生命只是一种自然的存在,一切的自然都是循环不已,所以生不必喜,死不必悲。在《至乐》篇中,庄子到楚国,见到一具空髑髅,晚上做梦,与空髑髅对话,问它愿不愿意再恢复肉体生命。空髑髅说:人死之后,在上没有国君,在下没有臣子,也没有四时的人事纷扰,安然与天地始终。即使是帝王的快乐,也不能相提并论,怎么会愿意抛弃这帝王般的快乐,再去受人间的劳苦呢?庄子借空髑髅的口,说明人死后比活着更快乐。人活着的时候有许多劳苦,死后就没有了。

人生有很多的悲苦,逃是逃不掉的。人能逃到哪里去?庄子说:“人无所逃于天地之间。”人生有很多的无奈,“人之所不得与,皆物之情也”。我们对生命的态度不必太悲观,也不能太乐观,而要达观,要具有像庄子一样的生命情调;在生活习惯方面,我们更要学习庄子率真、认真的精神，顺其自然，随遇而安，就能享受圆满自足的快乐生活。

阅读省思：

1. 你对生命保持什么态度？

2. 你是否努力培养好习惯，而修正不好的习惯？

书本只是糟粕吗？

经验能够传承吗？

曹丕《典论·论文》云:“文以气为主,气之清浊有体,不可力强而致。譬诸音乐,曲调虽均,节奏同检,至于引气不齐,巧拙有素,虽在父兄,不能以移子弟。”曹丕谈为文用气,每个人禀气不同,所以每个人的写作风格都不会相同,就好像演奏音乐,吹笛、吹箫,每个人因气不同,功夫的巧拙也各有不同,必须靠自己的天赋与努力。庄子《天道》篇中,齐桓公在堂上读书,善于斫轮的轮扁问齐桓公正在读什么书,桓公说:“是圣人之书”。轮扁问:“圣人还在吗?”桓公回答说:“已经死了。”轮扁说:“那么,你读的书只是古人的糟粕罢了!”轮扁为什么这么说呢?因为轮扁是以他个人斫轮的经验而言的。

轮扁斫轮,不能太快,也不能太慢,要恰到好处,得心应手。这样的经验,是要靠自己去体会的,不能口耳相传。轮扁没有办法把斫轮的技巧传授给儿子,他的儿子也没办法得到他斫轮的技巧。

从这个观点来看,轮扁认为齐桓公不能从古代圣贤的典籍学到他们的人生智慧。

老子主张“绝圣去智”

老子主张“绝圣去智”“绝仁去义”“绝巧弃利”,庄子则继承了老子的思想。老子的政治思想,主要是看到周朝的衰败,在位的人愈是提倡仁义道德,愈是表示仁义道德的沦丧。上古时代,民风淳朴,百姓不识不知,根本没有虚伪诈骗。大道普行,人人讲忠信,家家出孝子,虽然不谈仁义道德,但百姓的生活已经自然合于仁义道德了。

《老子》第四十八章云:“为学日益,为道日损。”“学”指的是政教礼乐,在位的人如果一天比一天重视政教礼乐,百姓就会一天比一天远离大道。为学固然可以增益智能,但是人的欲望和机巧也会随着智能的增加而增加。人的欲望和机巧,是一切忧愁与烦恼的根源。因为这根源是由学而来,所以为了解除忧愁和烦恼,老子主张弃绝知识,回到上古无识无知的素朴境界。

窃钩者诛,窃国者为诸侯

庄子《胠箧》篇指出,世人为了防备盗贼偷窃,把东西藏在箱子里、柜子里,用绳子捆紧,用大锁锁好,自认为这是最安全的,反而让盗贼愈方便背走、提走。世俗所谓的智慧,只是方便大盗财富的累积。庄子更感慨地说:盗窃小腰带的人被诛杀,盗窃君位的人却成为诸侯。诸侯之门,都是假借仁义圣智来为非作歹,而取得不当的利益。庄子举例,田成子杀了齐简公,立齐平公为傀儡,自立为相,窃取齐国的政权,有盗贼之名,而能身处尧、舜一般的安适。为治国而设的"圣知之法",只是野心家和统治者争夺时所利用的工具而已,比干、苌弘、子胥都是贤臣,却成了暴君手下的牺牲品。

庄子说:"圣人生而大盗起。""圣人不死,大盗不止。"庄子对所谓的"圣人",是有很多意见的。盗跖的徒弟问盗跖说:盗徒也有道吗?盗跖说:盗当然也有道。盗徒能臆测家中的藏物,是圣;首先进入,是勇;最后出来,是义;知道可以盗取就盗取,不可以盗取就不盗取,是智;分配平均,是仁。所谓圣、勇、义、智、仁,不正是一般人所谓的圣人之道吗?圣人之道,被盗贼利用,横行天下,最终成了盗贼犯罪的托词。

黄帝失玄珠,象罔得之

庄子《天地》篇里,描写黄帝到赤水之北游玩,返回的时候,遗失了黑色的明珠，派知、离朱、吃诟去找，都没找到，最后被象罔找到了。知、离朱、吃诟、象罔，都有象征意义。聪明的人、视力好的人、善于言辩的人，这三种人都不能悟得大道，只有无心、无知、无为的人，才能与大道通。

庄子反对有成心，主张顺应自然，回到最纯朴的至德之世。圣人鼓吹仁义礼智，以人文化成天下，人给自己加上重重的枷锁，就得不到自由的生活了。

我们读书识字，不能一知半解，望文生义，更不能断章取义。老子、庄子自然无为的思想，主要是认为儒家圣人仁义礼乐等道德规范的提倡，造成政令繁苛，扰民安宁，会使得人民无所适从，天下大乱。

阅读省思：

1. 你有每日读书的好习惯吗？

2. 老子、庄子为什么主张“绝圣去智”？

庄子会买 iPhone 5 吗？

三个苹果改变全世界

三个苹果改变全世界，第一个苹果是创世之初，亚当与夏娃偷食禁果，被上帝赶出伊甸园，来到滚滚红尘；第二个苹果是牛顿发现地心引力，开启人类科技发展；第三个苹果是乔布斯发明了iPhone 手机，把世界缩小成地球村，咫尺天涯，瞬息万变，改变了全人类的生活。现在，几乎人人手持一机，有人一身好几机，新机种时时被创造研发出来，无数的人为之疯狂痴迷。走在路上，或者等车、坐车、上课、上班时，很多人都成了“低头族”，每天有好几个小时都在玩手机。我们的生活已经离不开手机，我们的生活已经和手机连成一体。

有机械者必有机心

计算机是现代社会非常先进的科技产品，日新月异，不断创新发展。以前的计算机机房要占有很大的空间，每个人的办公桌、书桌，都要挪出很大的位置摆放计算机；手机也很笨重，持拿不方便。现在的平板电脑轻薄短小，携带非常方便。手机的功能不断推陈出新，兼有计算机的作业，云端视讯也很便捷。计算机信息的发展，真是日以千里，对人类生活的改善大有裨益。

不过，科学技术是把双刃剑，有利也有弊。科技智能型犯罪，带给人类生存的危害，层出不穷；国防战争、生化病毒给全球人民造成生命的威胁；不法商人贪图暴利，制造不实食用油伤害个人的健康。至于用手机犯罪或者拍摄不雅照片，给当事人身心造成严重伤害，更是科技发展带给人类的祸害。

庄子在《天地》篇说：使用机械的，必定会用机械的方法处理事务，用机械的方法处理事务，必定有机谋巧变的心思。心中有了机谋改变的心思，就会破坏本然纯洁的天性，破坏了本然纯洁的天性，就会心神不定而远离天机。庄子崇尚自然，反对以人灭天，他认为人能法天而行，顺应自然，就能与天道合一，与天地精神往来，逍遥自在，自得自足，享受人生的至境。

庄子认为，人世间的事物，千变万化，疲于应付，唯有无心而不自用，才能随物变化而不受其累。科技产品给人类带来很多方便，提升了生活的质量，却也束缚了人的心灵，疏离了人际的感情，得不偿失。人常常被安置在贫穷、恐惧和不安之中，物质愈富足，精神愈空虚，生活愈享受，心灵愈痛苦。为了追求安逸享乐的生活，人人疲于奔命，劳心劳力，甚至你争我夺，尔虞我诈，失去了信任、关怀，就连人性本来具有的纯朴善良、天真可爱，也不可见了。

物欲足以迷心

人生最重要的是要求得一颗清净的心、安定的心，不见可欲则民心不乱。今天，科技的发展突飞猛进，各种新进的产品五光十色，令人目不暇接。有些东西没有的时候希望有，有的时候希望有更多、更好。抗拒诱惑最好的方法，就是不要接近它。

幸福不在于拥有什么东西，而在于对拥有的东西的感觉。一个不满足的人，即使拥有再多的财富，仍嫌不足，仍不快乐。“人心不足蛇吞象。”人对物欲的追求是永无止境的，如果我们不能放下得失祸福，就不能拥有自由的心灵。人心被束缚了，就像形体被绑住一样，是非常痛苦的。

人从物质上得到的满足，是一时的、短暂的；人从精神上得到的满足，才是持久的、恒常的。一颗自由的心，是一颗快乐的心。人的心灵能够悠游自在，任意翱翔，不受情牵，不受物累，才是最快乐的。

自由的心志是人生最大的财富

庄子最关心的是生命的本体。人的存在是不自由的、被限制的,“生年不满百,常怀千岁忧”。人生的功名富贵、得失祸福,往往不是自己能掌握的,不是有求必得的,也不是可以随心避开的。人的心灵之所以不自由,往往是因为许多先天或后天的限制,层层束缚;人生之所以有悲苦,主要是因为私心太重,成见太深,以致造成心灵的闭塞,人生的桎梏。庄子主张去成心,顺应自然,然后才能超越有限的、相对的现实人生,而遨游于无限的、绝对的理想人生。

庄子主张去成心,是因为人有了心知的活动,就有是非之争、善恶之辩,纠结于得失祸福的取拾,执着于好恶的痴迷,是以自困而且自苦。庄子认为,保持心灵的清明,无偏无私,才不会迷失方向,误入歧途,而更为重要的是,要能够解开名缰利锁,超越生死、是非的屏障,使精神得以完全自由解脱。

庄子《大宗师》篇中,女偊自述得道的过程,先是“外天下”,其次是“外物”,再次是“外生”,摆脱不明不白的生命困扰,然后才能游心于物之初。颜回也是由“忘仁义”,而后“忘礼乐”,最后达到“坐忘”的地步。一个人连自己都忘了,还有什么不能忘的?一个人连死生都看破了,还有什么看不破的?

自由的人生就是美的人生,只有把人从被压迫的状态中解脱出来,恢复人类求生存、求创造的生命力,然后获得个体心灵的自由,才能得到人生真正的幸福。

阅读省思:

1. 如果庄子活在今天,你认为他会买 iPhone5 吗?

2. 为什么自由的心志是人生最大的财富?

少年情怀总是诗

少年不识愁滋味

南宋辛弃疾《丑奴儿·书博山道中壁》词:“少年不识愁滋味,爱上层楼,爱上层楼,为赋新词强说愁。而今识尽愁滋味,欲说还休,欲说还休,却道天凉好个秋。”这首词应该是辛弃疾中年以后的作品。他从不识愁滋味的少年,走到尽识愁滋味的中年、老年,必然有很多的感触,所以最后的结语,是欲语还休,只说天凉了,秋天到了。少年是春天的歌,青年是夏天的歌,中年是秋天的歌,老年是冬天的歌。时序在秋天,年纪应该已是中年。

南宋另一位诗人蒋捷有一首《虞美人·听雨》,借听雨的心情,描述人生青年、中年、老年的心态。“少年听雨歌楼上,红烛昏罗帐。壮年听雨客舟中,江阔云低断雁叫西风。而今听雨僧庐下,鬓已星星也。悲欢离合总无情,一任阶前点滴到天明。”

少年轻狂,雨中在歌楼舞榭狂歌劲舞,不知人间疾苦。中年的时候,为了家庭、为了事业,奔波劳碌,在客舟中听雨,细雨蒙蒙,黯然生起一股中年人的苍茫心情,像是一只离群的大雁,在西风中悲鸣。到了晚年,人间的悲欢离合像屋檐滴落的雨,随它自然流逝,内心的纷扰、悲苦、喜乐,也随着雨滴的飘落完全释放开来。

做自己生命的主人

王国维在《人间词话》中说:"古今之成大事业、大学问者,必经过三种之境界。昨夜西风凋碧树,独上高楼,望尽天涯路,此第一境也;衣带渐宽终不悔,为伊消得人憔悴,此第二境也;众里寻他千百度,蓦然回首,那人却在灯火阑珊处,此第三境也。"王国维的人生三个境界,就好像人生三个阶段:第一个阶段是青少年时期,向人生问路,寻找生命的本质;第二个阶段是中盛年时期,与生命拔河,抓住生命的节奏感;第三个阶段是老年时期,把生活安顿好,做自己生命的主人。寻找生命的本质,是要能认识自己;抓住生命的节奏感,是要能成就自己;做自己生命的主人,是要能享受自己,这是人生的三部曲。

青少年时期是一个奇妙的人生阶段,这一阶段是一个人在生理上和心理上变化最剧烈的阶段。虽然有些人在这个阶段对人生的态度仍然懵懵懂懂,但是很多年轻人面对未来的生活,已经充满憧憬和期待;面对社会的竞争和挑战,已经开始感受到压力。

庄子没有在他的书里提到他的少年生活,他的书里也没有针对青少年提出什么建言,但是毫无疑问,庄子的智慧与人生经验,对于正在成长中的年轻人,一定有很多的启发和引导。

青少年的爱恋是人生难忘的诗篇

青少年的爱恋是人生难忘的诗篇。庄子的爱情观,从庄子妻死、庄子鼓盆而歌这件事可以见出端倪。惠施从世俗的眼光而论,认为庄子这样做,真的很过分。其实,惠施所见,是庄子妻死多日之后的事。庄子妻刚死的时候,庄子也是非常难过伤心的,他哪是无情无义的人呢?只是后来他想通了,其妻之死,是每一个人一生必走的路,或者早走,或者晚走,每个人迟早都要离开这个世界。一个人从没有生命到有生命,再从有生命回到没有生命,只是一种自然现象。庄子不哭,只是后来不哭,不是一开始就不哭。庄子把悲情转为真情，从世俗人情提升为对生命存在的真实理解。

《德充符》篇，惠施问庄子："人是无情的吗？"庄子回答说："是啊！"惠施说："一个人如果没有情，怎能称为人呢？"庄子说："老天给了人的形体，怎么不称为人呢？我所说的情，不是你所说的情。"惠施所说的情，是指人的情感、情欲；庄子所说的情，是人的至情、真情，是指人不因自己的好恶而损伤的天性。人的好恶之情，是我们一般所指的情，庄子的情，是指自然的天性。圣人纯任自然，没有人为，所以圣人有人的形体，而没有人的情感。

惠施是庄子非常要好的朋友，两个人经常有一些精彩的辩论，并激发出智慧的火花。《徐无鬼》篇记载，有一天，庄子经过惠施的坟墓，很感慨地说：从此再没有人可以与我对话谈心了。由此可见，庄子与惠施两个人感情的深厚。《山木》篇中，庄子论朋友的交往，"君子之交淡若水，小人之交甘若醴"。孔子说："独学而无友，则孤陋而寡闻。"朋友之交，是五伦之一，我国自古以来就非常重视交友的好处。我们要结交有益的朋友，而不要结交有害的朋友，有益的朋友可以协助我们进德修业，有害的朋友则可能每天只是吃、喝、玩、乐，言不及义，甚至做出不法的事情、伤害天理的事情。庄子强调,君子以道合,所以君子的交往是清淡如水;小人以利聚,所以小人的交往,虽然如胶似漆,却不会长久,以利合者,必以利分。

阅读省思:

1. 你是多愁善感的人吗?

2. 你对人生充满热情吗?